완전판

코바늘 모티브 패턴집 366

일본보그사 지음 ｜ 남궁가윤 옮김

한스미디어

Contents

crochet motifs

items

technique guide

재료와 도구

코바늘 모티브를 뜰 때 사용하는 실과 갖춰두면 편리한 기본 도구를 소개합니다.

실 모사, 레이스사

같은 뜨개 도안으로 뜬 모티브라도 사용하는 실에 따라서 크기와 완성된 느낌이 달라집니다. 울, 모헤어, 면, 실크, 그러데이션 컬러 등 완성 작품의 이미지에 따라 다양한 소재와 모양으로 모티브 뜨기를 즐겨보세요.
레이스사는 '20번, 30번'처럼 번수로 표시하며, 숫자가 커질수록 실이 가늘어집니다.

P.8~79 모티브 :
퍼피 뉴 4PLY(중세사, 3/0~4/0호 코바늘)

P.80~115 모티브 :
올림푸스 에미그란데(레이스사, 0~2/0호 코바늘)

뜨개바늘 코바늘, 레이스용 코바늘

코바늘은 '2/0호, 3/0호' 식으로 표시하며, 숫자가 커질수록 바늘 축이 굵어집니다.
레이스용 코바늘은 '0호, 1호, 2호' 식으로 표시하며, 숫자가 커질수록 바늘 끝이 가늘어집니다.

가위

날 끝이 가늘고 잘 드는 수예용 가위를 추천합니다.

돗바늘

뜨개 끝이나 실 끝을 처리할 때 사용합니다. 바늘 굵기는 사용하는 실의 굵기와 용도에 맞게 고릅니다.

이 책에서 사용한 실

(사진은 실물 크기)

책에 실린 모티브, 옷, 소품에 사용한 실로 같은 모티브(4번 → P.8)를 떴습니다. 크기나 소재 느낌 등 모티브를 뜰 때 참고하세요.

1 퍼피 뉴 4PLY
울(방축가공) 100%
40g 1볼, 약 150m, 코바늘 2/0~4/0호

2 퍼피 코튼 코나 파인
면 100%
25g 1볼, 약 105m, 코바늘 0~2/0호

3 퍼피 리피
분류 외 섬유(종이) 100%
40g 1볼, 약 170m, 코바늘 7/0~8/0호

4 올림푸스 에미그란데
면 100%
50g 1볼, 약 218m, 코바늘 0~2/0호

5 다이아 마스터시드 코튼 '크로셰'
면 100%(마스터시드)
30g 1볼, 약 142m, 코바늘 2/0~3/0호

6 스키 태즈메이니안 폴워스
울 100%(태즈메이니안 폴워스)
40g 1볼, 약 134m, 코바늘 5/0~6/0호

7 하마나카 워시 코튼 '크로셰'
면 64%, 폴리에스터 36%
25g 1볼, 약 104m, 코바늘 3/0호

8 하마나카 폼 베이비컬러 '크로셰'
면 100%(퓨어 오가닉 코튼)
25g 1볼, 약 110m, 코바늘 3/0호

모티브 뜨기의 기초

모티브 뜨기를 시작하기 전에 알아두면 좋은 기초 지식과 모든 모티브에 공통으로 사용하는 기본 테크닉입니다.

■ 뜨개 도안 보는 법과 이름

손뜨개 기호도(뜨개 도안)는 모두 겉면에서 본 상태입니다. 중심에서 기초코를 만들고 점점 넓어지게 뜹니다.

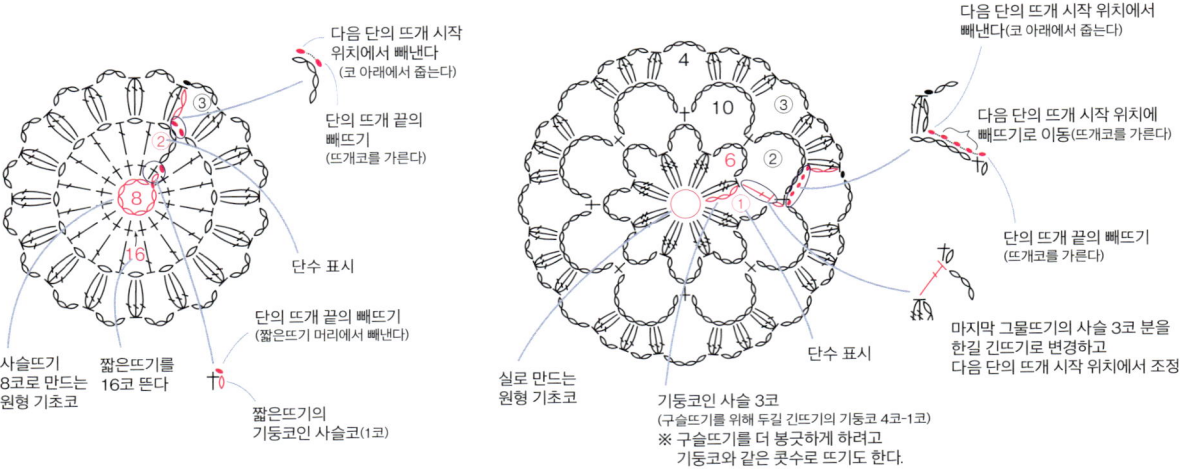

다음 단의 뜨개 시작 위치에서 빼낸다
(코 아래에서 줍는다)

단의 뜨개 끝의 빼뜨기
(뜨개코를 가른다)

단수 표시

단의 뜨개 끝의 빼뜨기
(짧은뜨기 머리에서 빼낸다)

사슬뜨기
8코로 만드는
원형 기초코

짧은뜨기를
16코 뜬다

짧은뜨기의
기둥코인 사슬코(1코)

다음 단의 뜨개 시작 위치에서
빼낸다(코 아래에서 줍는다)

다음 단의 뜨개 시작 위치에
빼뜨기로 이동(뜨개코를 가른다)

단의 뜨개 끝의 빼뜨기
(뜨개코를 가른다)

마지막 그물뜨기의 사슬 3코 분을
한길 긴뜨기로 변경하고
다음 단의 뜨개 시작 위치에서 조정

실로 만드는
원형 기초코

단수 표시

기둥코인 사슬 3코
(구슬뜨기를 위해 두길 긴뜨기의 기둥코 4코-1코)
※ 구슬뜨기를 더 봉긋하게 하려고
기둥코와 같은 콧수로 뜨기도 한다.

※ 코 아래에서 줍는다 … 앞단 뜨개코(주로 사슬코)의 아래쪽 공간에
바늘을 넣어서 뜨개코를 감싸듯이 뜬다.

■ 기초코

원 **실로 만드는 원형 기초코** : 모티브 중심을 꽉 조인 디자인. 1단을 뜬 뒤에 실 끝을 조입니다.

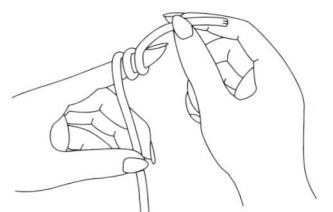
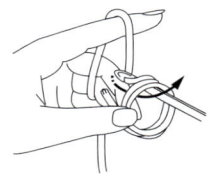
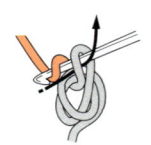

당겨서 조인다

1 손가락에 실을 2회 감고 그 고리를 손가락에서 벗깁니다.

2 실의 교차점을 손가락으로 누르고, 고리에 코바늘을 넣어서 실을 끌어냅니다.

3 다시 바늘에 실을 걸어서 끌어냅니다.

4 원형 기초코를 완성했습니다. 이 코는 1코로 세지 않습니다.

5 1단을 뜬 뒤에 실타래 쪽의 고리부터 순서대로 잡아당기고 마지막은 실 끝을 당겨서 중심의 고리를 조입니다.

사슬뜨기 원형 기초코 :
모티브 중심이 뚫린 디자인. 고리를 만드는 사슬뜨기 콧수로 모티브 중심의 공간 크기를 조정할 수 있습니다.

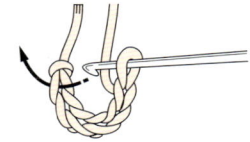
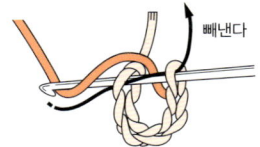
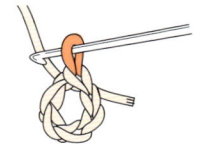

빼낸다

1 필요한 콧수만큼 사슬뜨기를 한 뒤에 1번째 사슬코에 바늘을 넣습니다.

2 실을 걸어서 빼냅니다.

3 사슬뜨기 원형 기초코를 완성했습니다.

■ 뜨개 끝

단의 뜨개 시작과 끝은 빼뜨기로 잇습니다. 모티브의 뜨개 끝은 빼뜨기 기호로 표시되어 있지만, 돗바늘을 사용하면 깔끔하게 이을 수 있습니다.

단의 뜨개 끝

단의 뜨개 시작 코에 바늘을 넣어서 빼냅니다. 1번째 코가 짧은뜨기라면 짧은뜨기 머리에, 그 밖에는 기둥코인 사슬뜨기를 갈라서 바늘을 넣습니다.

단의 뜨개 시작이…

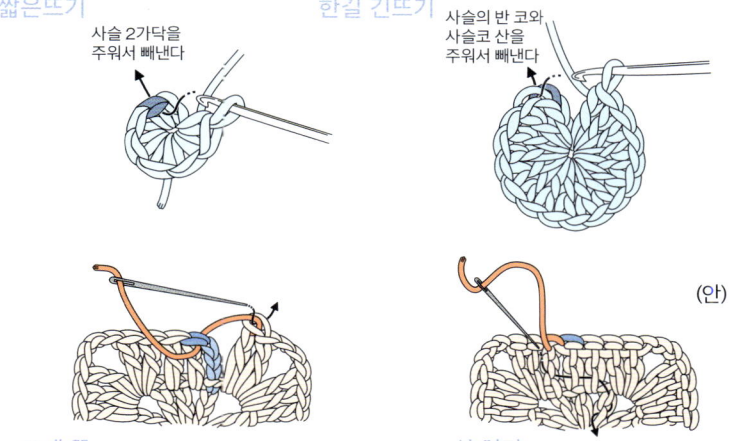

짧은뜨기
사슬 2가닥을 주워서 빼낸다

한길 긴뜨기
사슬의 반 코와 사슬코 산을 주워서 빼낸다

모티브의 뜨개 끝과 실 처리

단의 뜨개 시작 코에 이어지도록 돗바늘로 사슬코를 1코 만듭니다. 그러면 뜨개 시작과 끝 코가 자연스럽게 이어집니다. 남은 실은 모티브 안면의 뜨개코에 3~4cm 통과시키고 실 끝을 자릅니다.

뜨개 끝

뜨개 끝 코를 끌어내고, 실 끝을 7~8cm 남겨서 돗바늘에 꿰입니다. 뜨개 시작 코의 열 코에 바늘을 넣고 마지막 크의 중심으로 바늘을 다시 가져옵니다. 사슬 1코 크기가 되도록 실을 당깁니다.

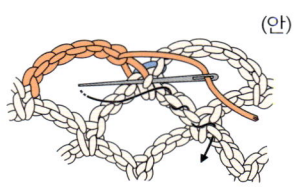

(안)

실 처리

모티브를 안으로 뒤집고, 실 끝을 뜨개코에 통과시켜서 처리합니다.

그물뜨기일 때

1코 적게 뜬다

(안)

뜨개 끝

마지막 그물은 사슬을 1코 적게 뜨고 실 끝을 돗바늘에 꿰입니다. 뜨개 시작의 짧은뜨기 머리 2가닥을 줍고 마지막 사슬의 중심에 바늘을 다시 통과시켜서 사슬코를 1코 만듭니다.

실 처리

모티브를 안으로 뒤집고, 실 끝을 뜨개코에 통과시켜서 처리합니다.

■ 배색실 바꾸는 법

단의 뜨개 끝에서 빼뜨기를 하는 타이밍에 다음 배색실로 바꿉니다.

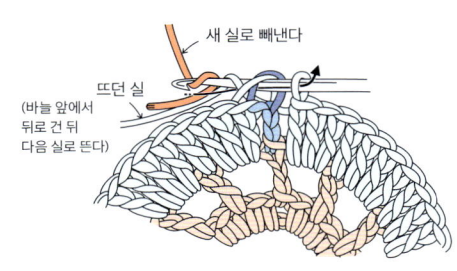

새 실로 빼낸다

뜨던 실

(바늘 앞에서 뒤로 건 뒤 다음 실로 뜬다)

＼ 바꾼 코가 최소한 ／

빼뜨기한 뒤에 배색실로 바꾼 모티브.

＼ 색을 바꾼 것이 눈에 띈다 ／

빼뜨기 타이밍에서 배색실로 바꾼 모티브.

쉬운 모티브

사슬뜨기, 짧은뜨기, 긴뜨기, 한길 긴뜨기 등 기본적인 뜨개코로 구성해 쉽게 뜰 수 있는 모티브입니다.
무늬의 반복도 단순해서 기억하기 쉬우므로 언제 어디서든 빈 시간에 뜰 수 있습니다.

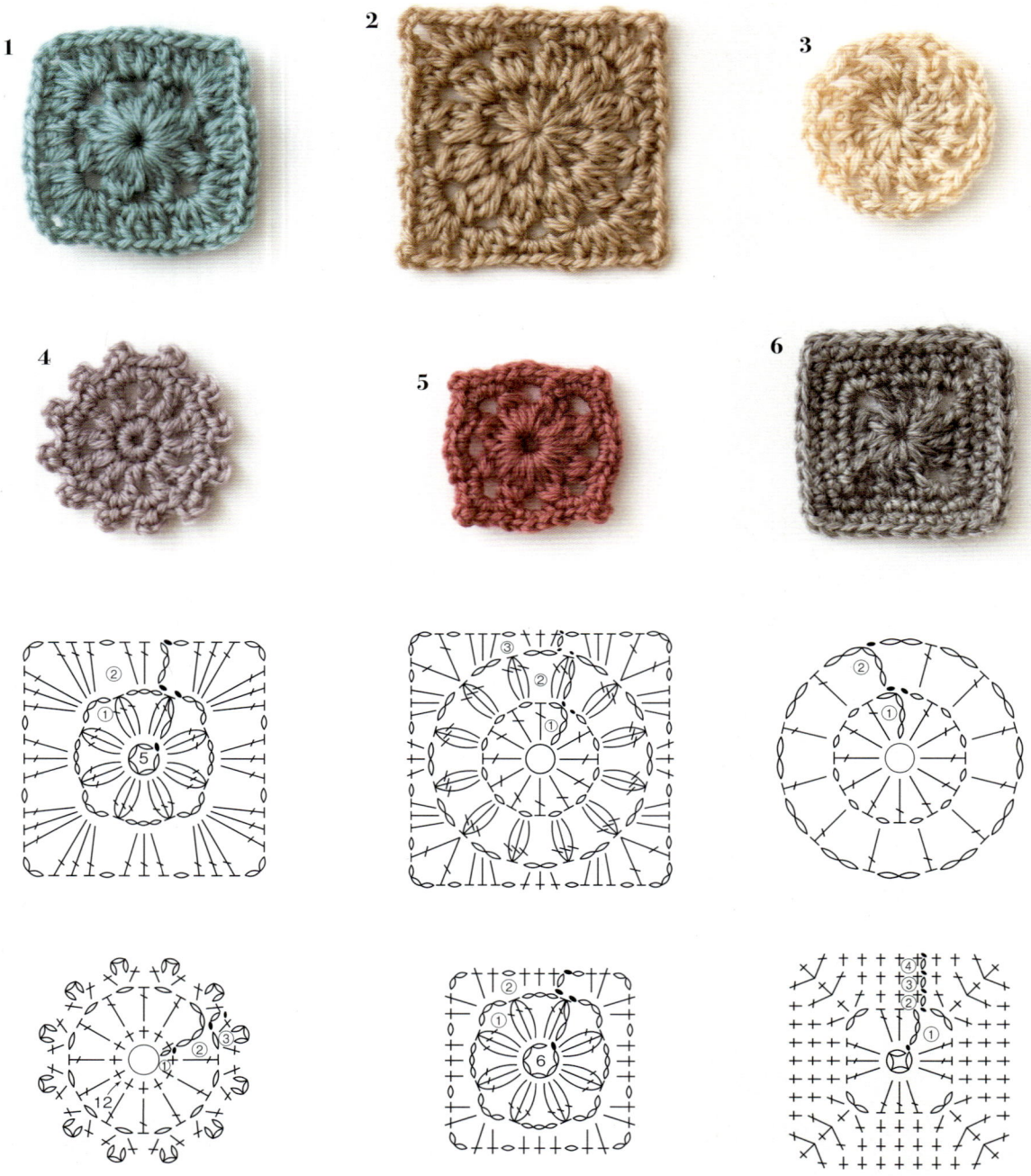

1·5 / 1단은 원, 2단에서 사각 모티브로. 모서리가 되는 뜨개코를 의식해서 뜹니다.　2 / 3단의 뜨개코 높이를 조절하며 뜨개코 머리 크기를 고르게 뜨세요.　3·4 / 작은 톱니바퀴 같은 모티브. 배색하거나 다른 소재로 떠봐도 재미있어요.　6 / 짧은뜨기로 빽빽하게 뜬 안정감 있는 모티브.

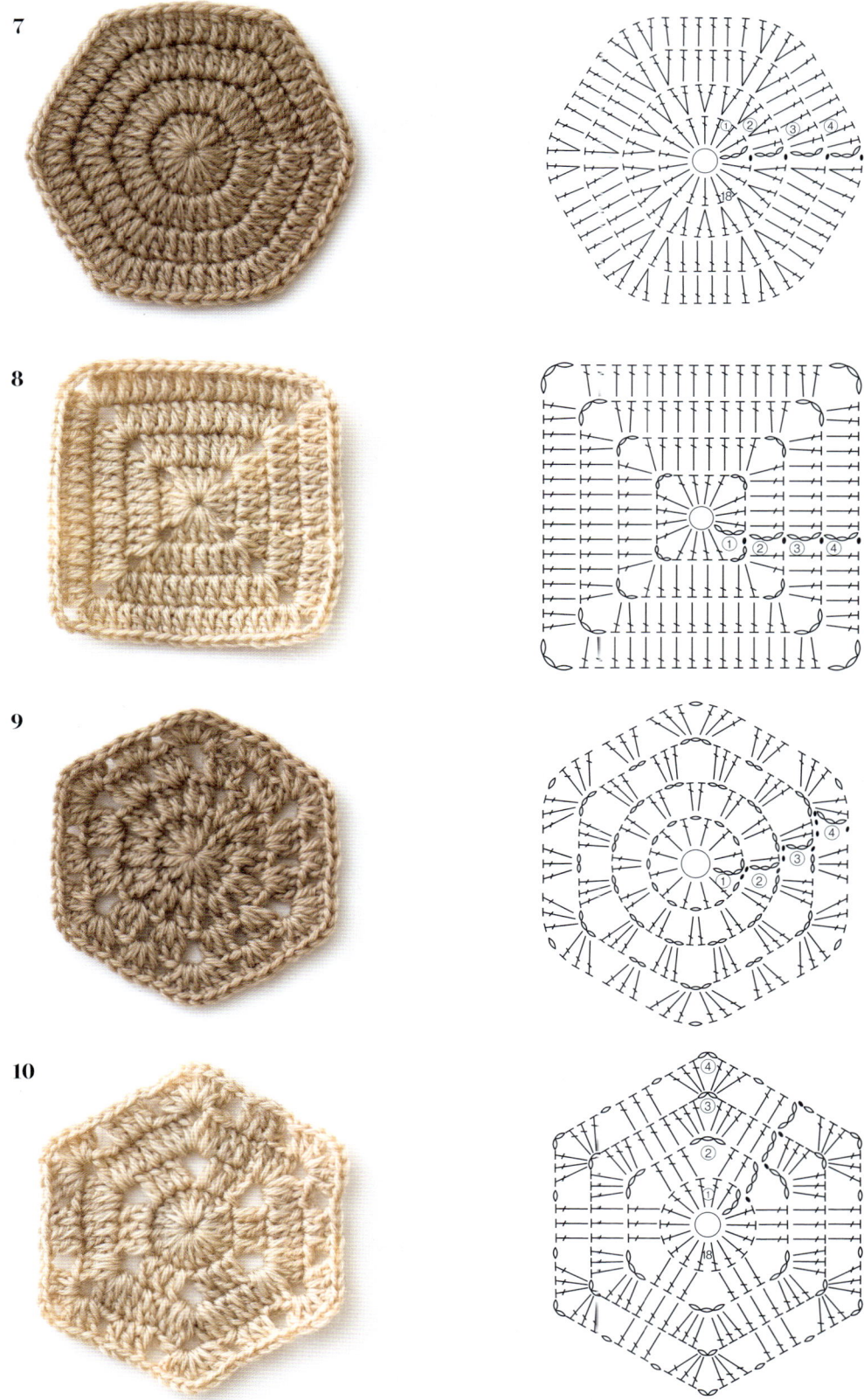

7

8

9

10

7·10 / 육각형 모서리를 의식하며 뜹니다. '원형 기초코에 한길 긴뜨기 18코'가 포인트.　**8** / 중심의 고리에 뜨는 한길 긴뜨기 '다리' 길이를 제대로 확보합니다.　**9** / 단순해서 알기 쉬운 무늬.

11 / 이으면 사선 구슬뜨기 라인이 더 도드라집니다.　12 / 흔히 얘기하는 그래니풍 모티브.　13 / 중심이 꽃 같아서 귀엽고 배색해 뜨는 것도 추천합니다.　14 / 끈기를 발휘해 한길 긴뜨기를 고르게 뜨는 것이 중요합니다.

15 / 한길 긴뜨기 머리와 사슬코의 크기를 고르게 뜹니다.　**16·18** / 다양한 작품에 응용할 수 있는 소박한 무늬.　**17** / 풍차처럼 빙글빙글 도는 것처럼 보이는 무늬. 스트링 파우치나 가방에 어울립니다.

사각형 모티브

모서리와 모서리, 변과 변을 맞대고 가로로도 세로로도 쭉쭉 이을 수 있어서 어디든 이용하기 편한 모양입니다.
기본 프레임 안에 모눈, 그물, 꽃, 믹스 등 다양하게 변형할 수 있습니다!

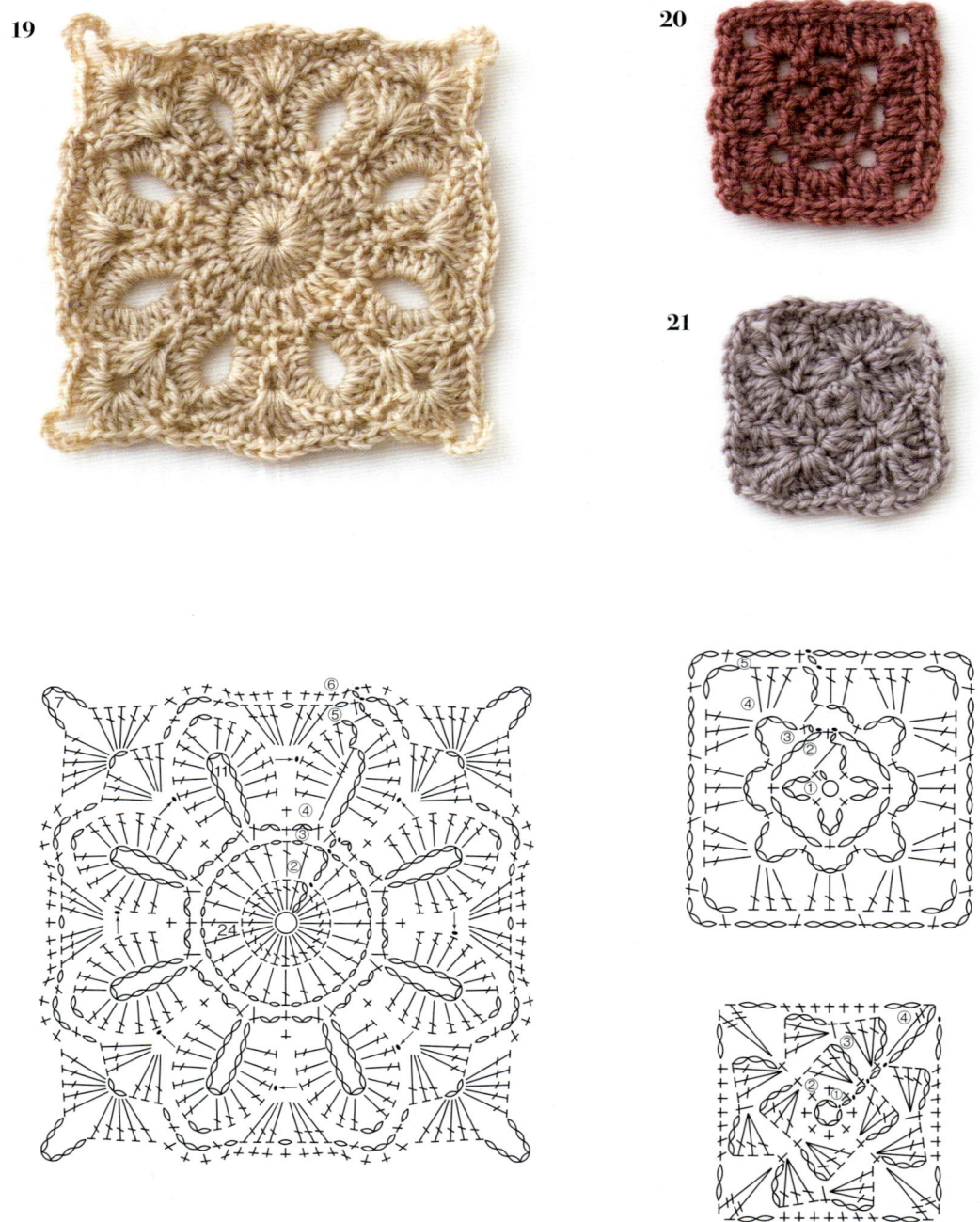

19 / 한길 긴뜨기가 이어지는 뜨개코는 '다리'를 깔끔하게 맞춰서 뜨도록 의식합니다.   **20** / 중심의 작은 꽃잎 무늬가 예뻐요   **21** / 배색으로 재미 있는 효과가 나타날 것 같아요.

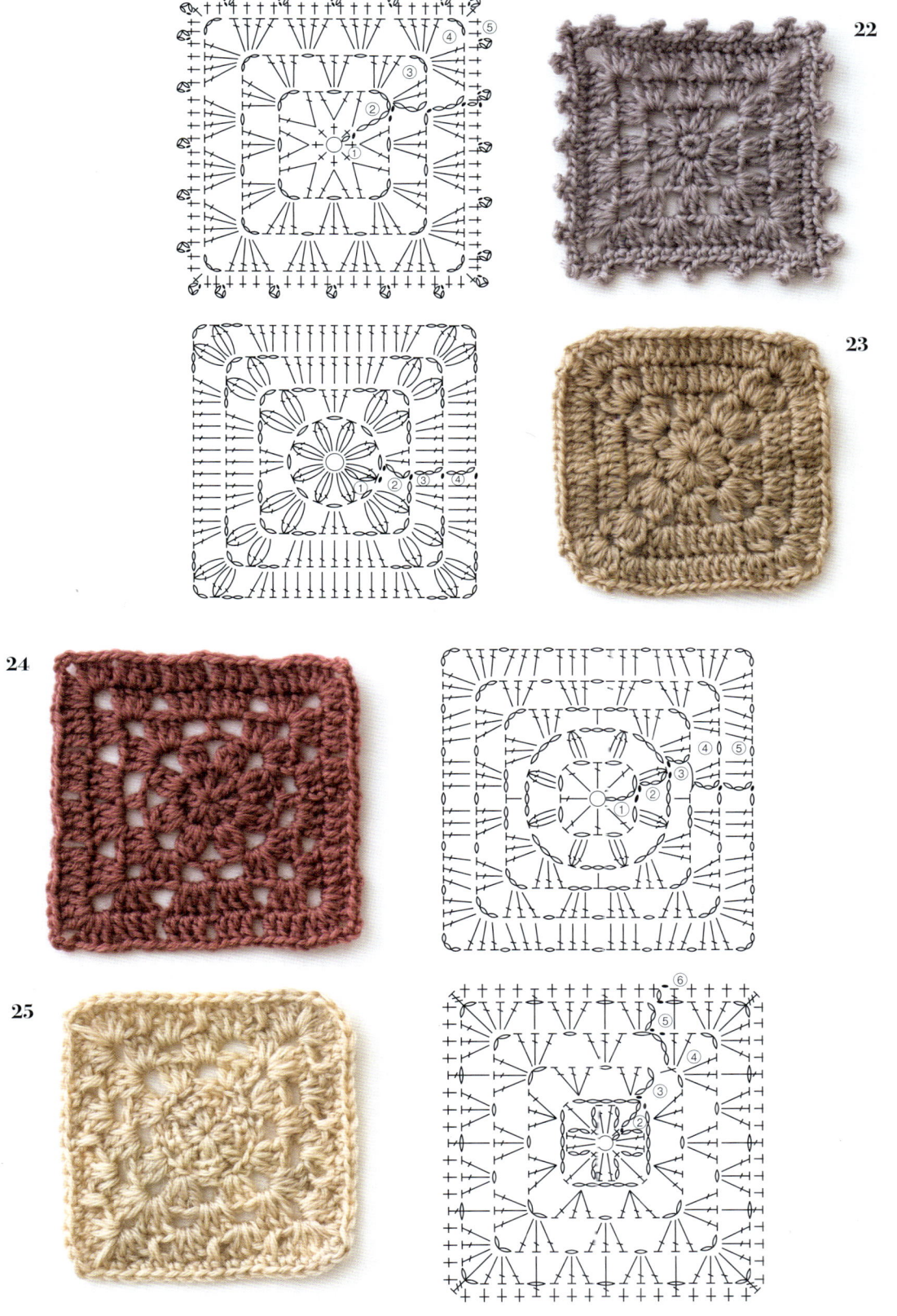

22 **23** **24** **25**

22 / 피코끼리 맞대고 한 점에서 이을 수 있습니다.　23 / 모서리의 사슬을 2코로 해 모서리구 둥그스름한 사각 모티브.　24 / 3단의 긴뜨기로 원에서 사각 모티브가 되도록 조정합니다.　25 / 중심의 꽃잎 무늬가 매력적입니다. 모서리의 두길 긴뜨기의 당기는 정도에 주의.

26

27

28

29

26 / 배색이나 소재를 바꿔가며 다양하게 즐길 수 있는 모티브. 27 / 사각형이 방향을 바꿔가며 겹쳐지는 것이 재미있어요. 28 / 마지막 단의 짧은뜨기로 탄탄하게 마무리했습니다. 29 / 한길 긴뜨기, 긴뜨기의 '다리' 길이를 잘 구분해서 뜨세요.

30 / 단색으로 떠도 여러 색으로 떠도 OK. 섬세한 느낌이 아름답습니다.   **31** / 안정감 있는 뜨개바탕.   **32** / 3단 만에 완성할 수 있는 모티브!
33 / 한길 긴뜨기+짧은뜨기 조합이 안정감 있고 뜨기 쉬워요.

34

35

36

37

34 / 중심의 작은 사각형이 귀여워요.　35 / 중심에 들어간 꽃이 해바라기 같은 모티브.　36 / 구슬뜨기로 준 악센트가 부드러운 인상을 만듭니다.
37 / 한길 긴뜨기, 사슬뜨기, 짧은뜨기만으로 떴는데 복잡해 보이니 신기하죠.

38 / 사슬과 사슬을 잇는 짧은뜨기를 잘 조여서 뜹니다.　39 / 화려한 모티브가 멋집니다!　40 / 부드러운 곡선과 날카로운 선의 조합이 재미있어
요.　41 / 그물 중심에서 모티브를 이으면 섬세하고도 귀여운 작품이 됩니다.

42

43

44

42 / 나풀거리는 우아한 모티브로 볼레로를 만들면 잘 어울립니다.　43 / 중심의 뜨개코 수가 많으니 주의.　44 / 작고 귀여운 모티브!

45

46

47

45 / 두길 긴 5코 모아뜨기 단에서 배색을 잘 궁리해서 넣으면 효과적입니다. **46** / 네 변 사이 를 잇는 한길 긴뜨기의 다리 길이를 고르게 뜨는 것이 포인트. **47** / 부드러운 곡선을 잘 살릴 수 있도록 배색해보세요.

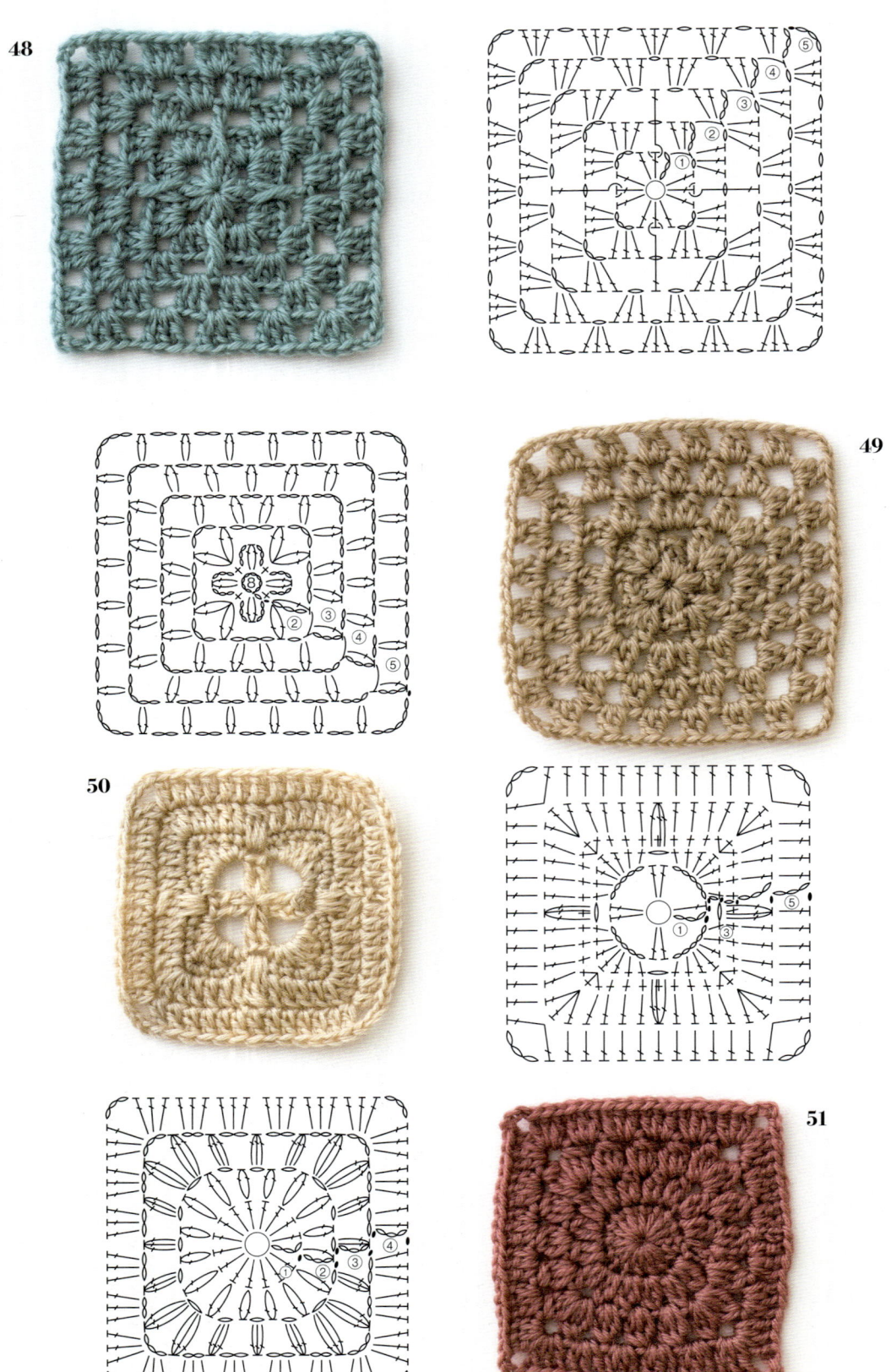

48 / 한길 긴 걸어뜨기는 실을 제대로 끌어내서 뜨는 것이 포인트. 49·51 / 구슬뜨기는 크기를 고르게 뜹니다. 50 / 다양한 배색으로 떠보고 싶은 모티브입니다.

52

53

54

52 / 걸치는 옷이나 숄 등을 만들기에 좋은 모티브.　53 / 중심의 조그만 사각형과 주위에 펼쳐지는 꽃잎의 대비가 독특합니다.　54 / 두길 긴뜨기
의 높이를 고르게 뜨는 것이 어려운 부분입니다.

팔각·육각·삼각형 모티브

단순한 반복 무늬부터 눈에 확 띄는 개성파까지 다양하게 떠보고 싶어지는 모티브를 모았습니다.
한 점에서 잇거나 변에서 잇거나 방향을 돌려보기도 하면서
창의력을 발휘해 작품 만들기에 활용하세요.

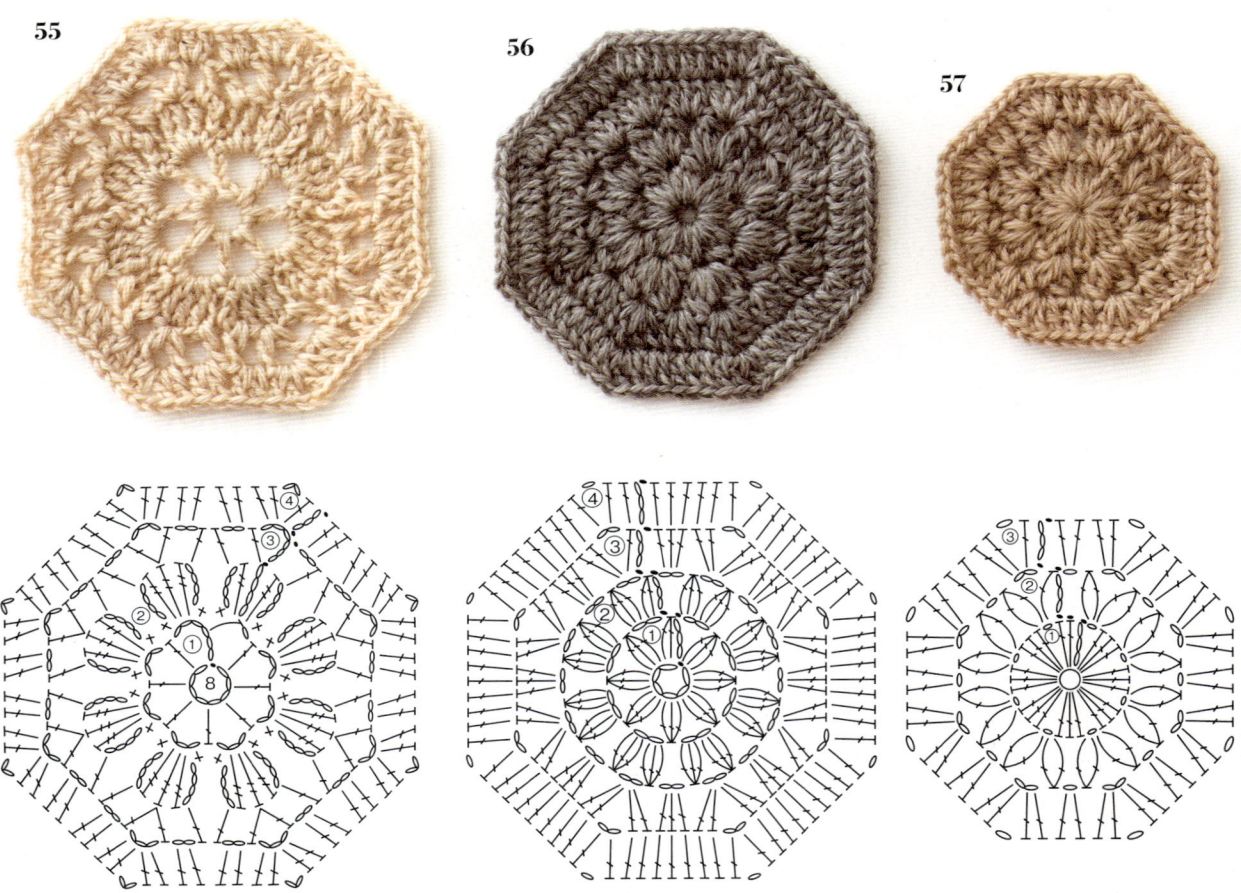

55 / 두길 긴뜨기 길이를 고르게 맞춰서 뜹니다.　56 / 알아보기 쉽고 뜨기도 쉬운 무늬.　56 / 팔각형의 모서리를 의식하며 뜹니다.

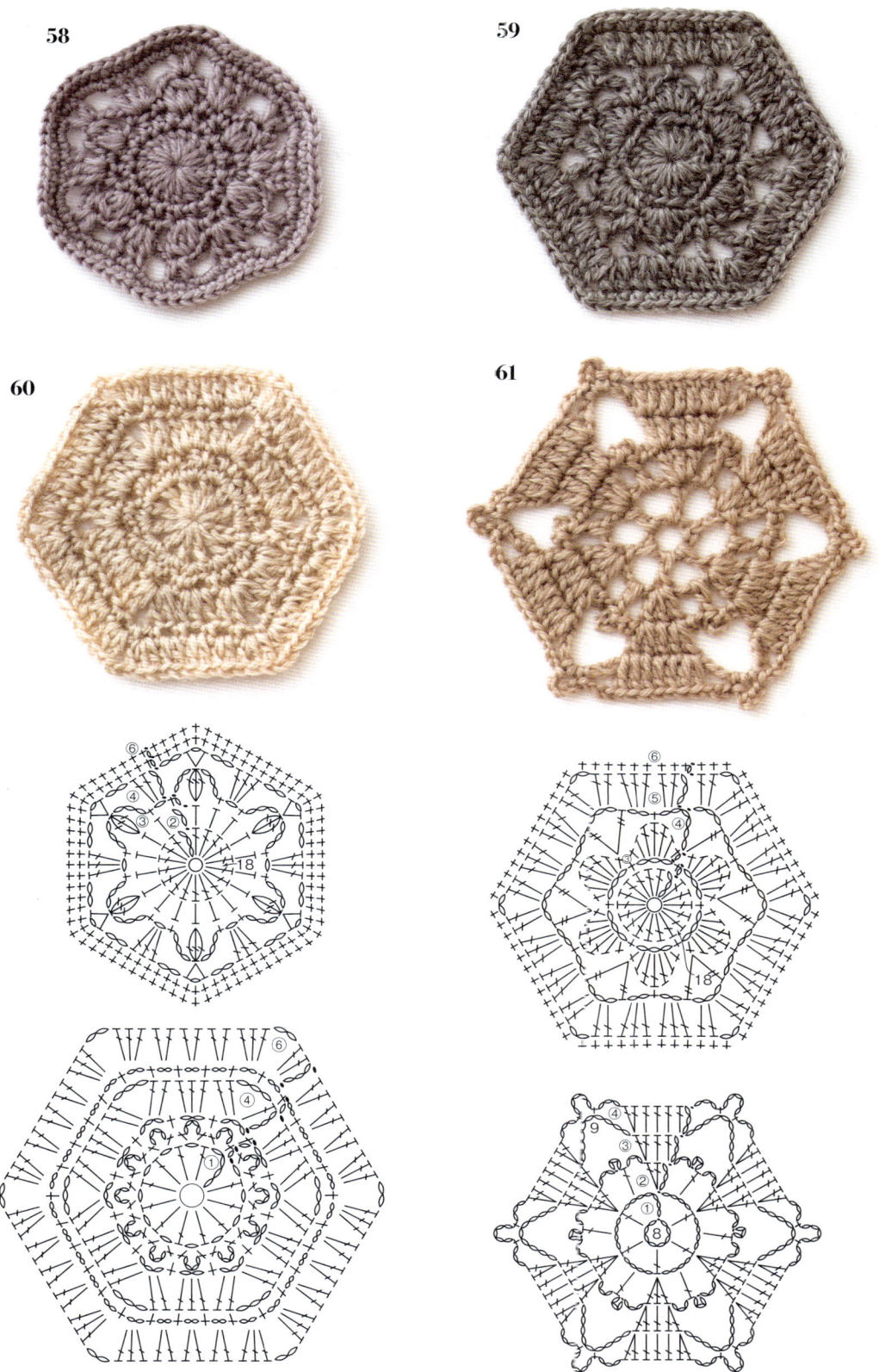

58 / 긴뜨기와 짧은뜨기로 작고도 꽉 찬 모티브를 완성했습니다.　**59** / 가운데에 꽃 모양이 떠오르는 게 포인트.　**60** / 2·3단의 무늬에 변화가 있
어서 재미있습니다.　**61** / 공간이 커서 모양을 잡기 어려우므로 완성 모양을 상상해 뜨는 것이 좋아요.

62 / 3단까지 원형을 뜨고 4단에서 한 번에 이으며 뜨면 알기 쉬워요.   63 / 5단의 걸어뜨기는 실을 충분하게 끌어 올려서 뜨세요.   64 / 그물 바탕의 가장자리는 꼼꼼한 마무리가 중요합니다.   65 / 중심의 두길 긴 4코 모아뜨기가 꽃잎 같아요. 숄로 만들어보면 어떨까요?

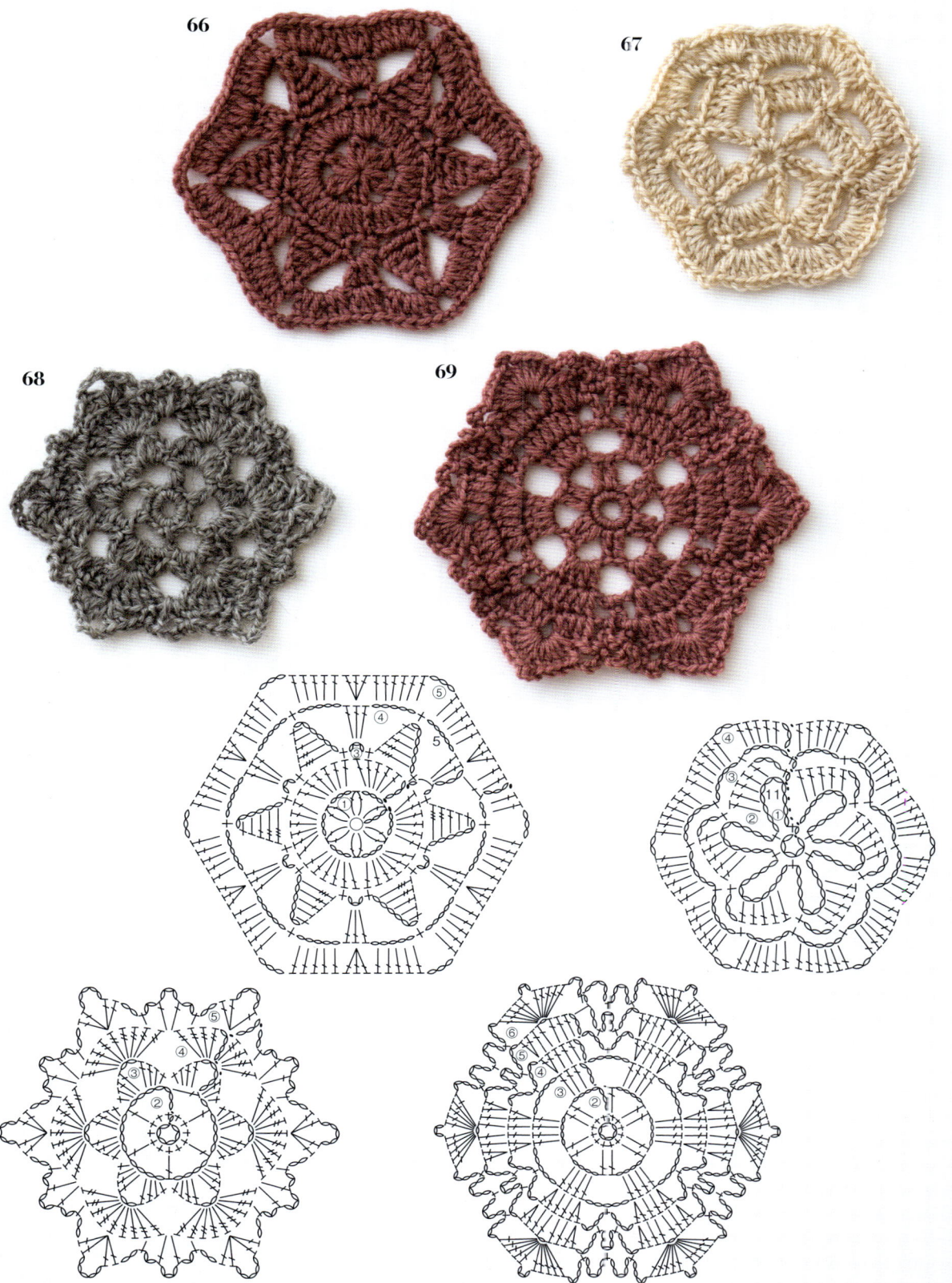

66 / 뾰족한 삼각 무늬가 재미있는 모티브.   67 / 뱅글뱅글 돌 것처럼 생긴 풍차 같은 무늬.   68 / 4단의 두길 긴뜨기가 어려운 포인트.   69 / 뜨는
맛이 있는 모티브. 컵받침처럼 한 장으로 사용하는 작품에도 추천해요.

70

71

72

73

70 / 배색해 뜨는 것도 추천합니다.　71 / 육각형 모양을 염두에 두고 뜹니다.　72 / 모양이 예쁜 모티브. 피코가 확실하게 나오도록 뜨세요.
73 / 개성적인 패턴입니다. 특히 1단이 어려우니 주의하세요.

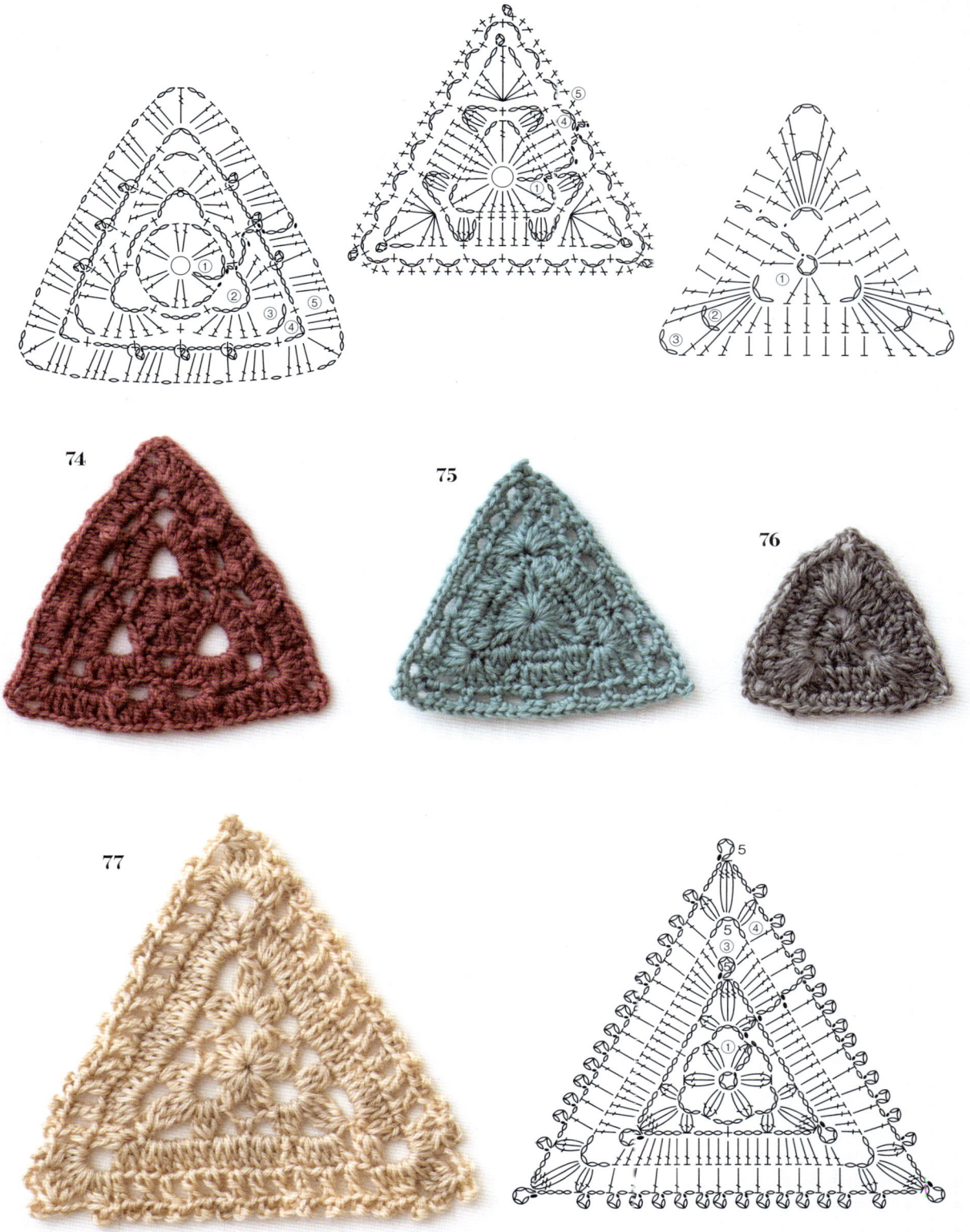

74

75

76

77

74 / 피코가 있는 단을 배색해 뜨면 재미있어요.   75 / 안정감 있는 삼각형 모티브. 재킷의 가장자리 등에 사용해보세요.   76 / 모서리의 한길 긴뜨
기로 조금 둥근 느낌이 있는 삼각형이 되었어요. 배색을 넣으면 효과적이에요.   77 / 한길 긴뜨기가 같은 높이로 균형 잡히도록 뜨면 깔끔합니다.

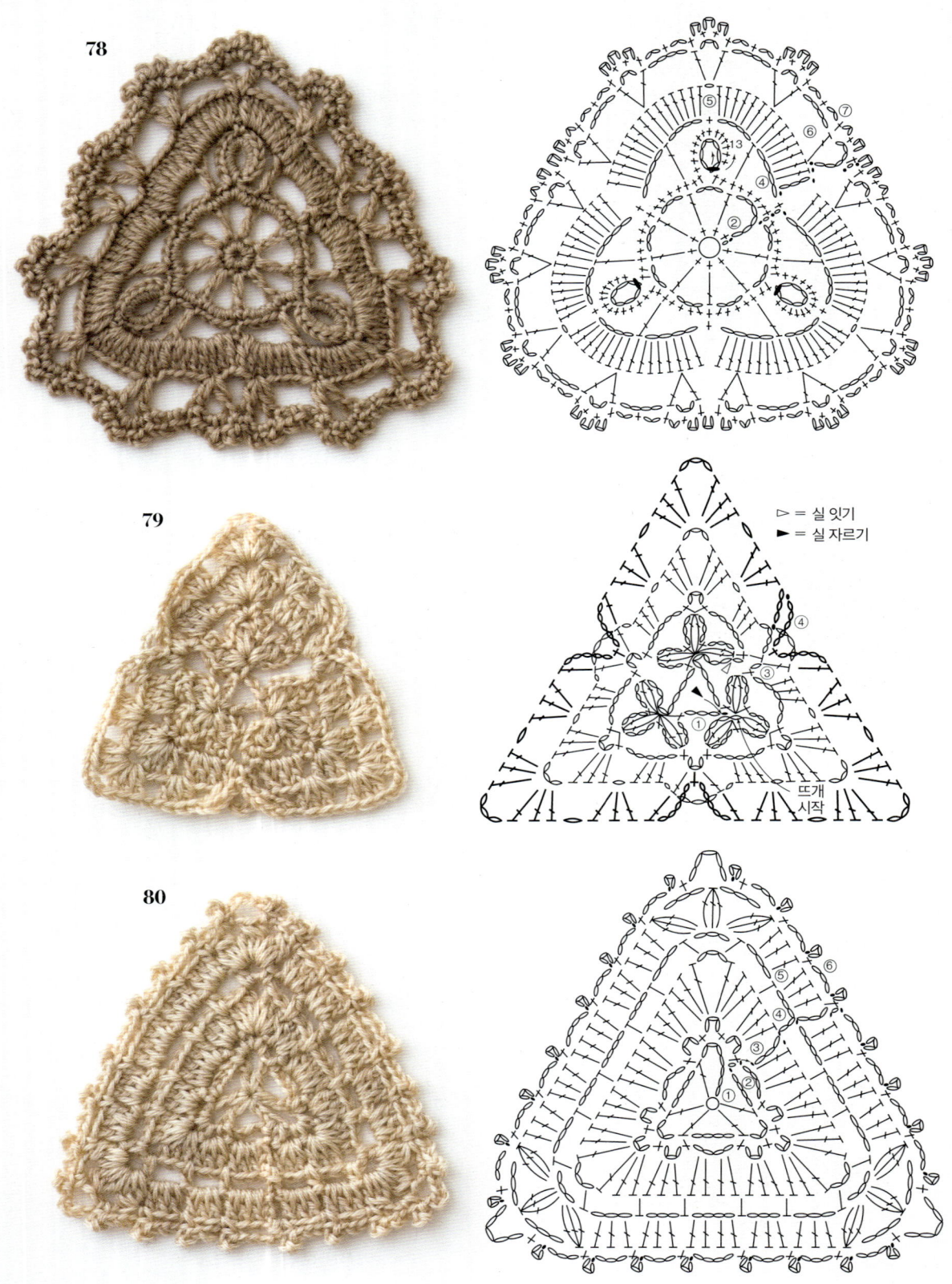

78

79

▷ = 실 잇기
► = 실 자르기

뜨개
시작

80

78 / 존재감이 뚜렷한 모티브. 이어서 숄을 만들거나 와펜처럼 한 장을 악센트로 이용할 수도 있습니다. **79** / 가운데에 작은 꽃을 넣고 작은 삼각
형 세 장을 합한 듯한 모양의 모티브. **80** / 모티브를 이어서 옷을 만들거나 가장자리 등에 포인트로 사용해도 잘 어울립니다.

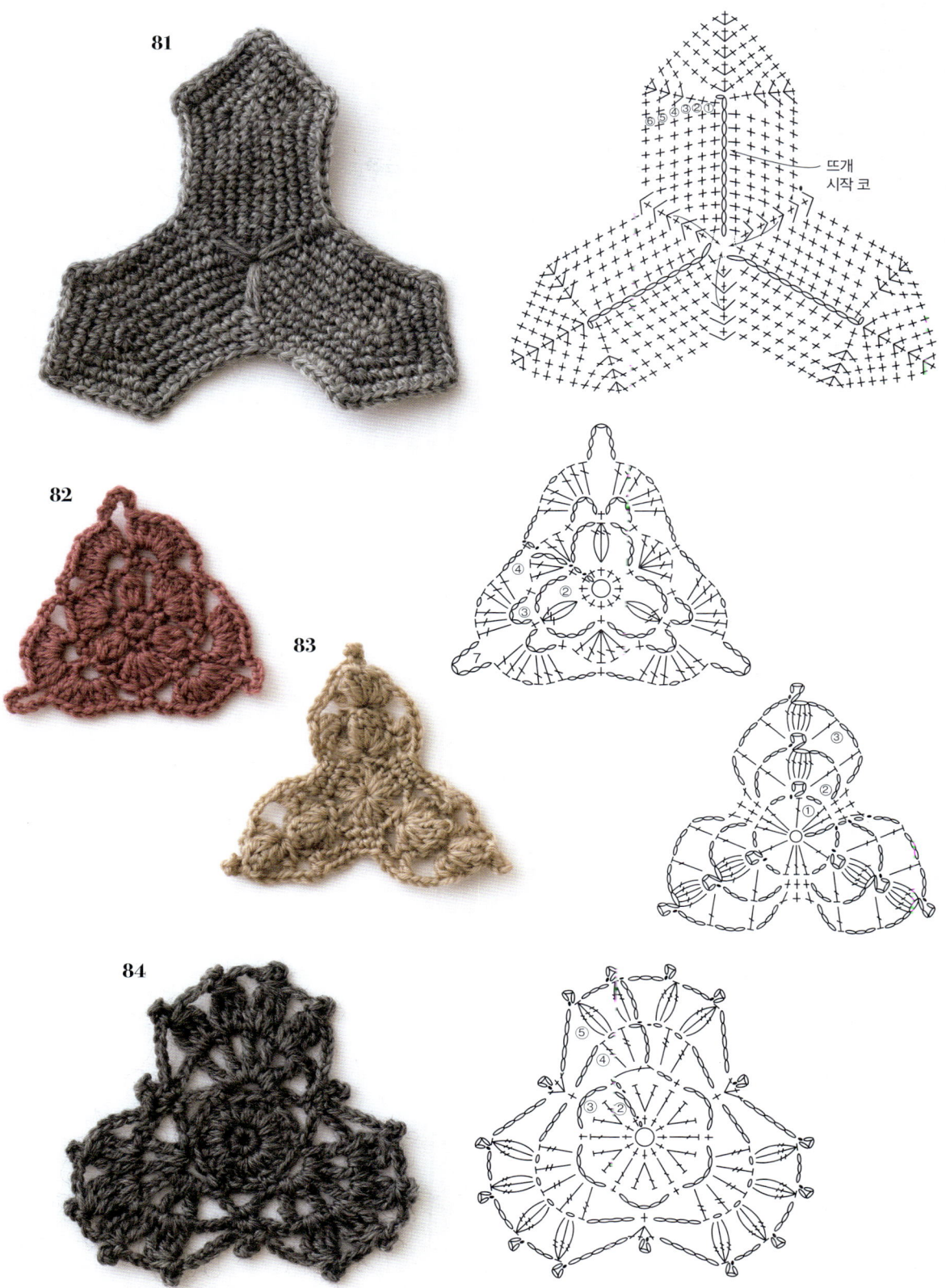

81 / 짧은뜨기를 좋아한다면 꼭 떠보고 싶은, 테트라포드처럼 생긴 모티브. 사슬을 중심으로 좌우 단수가 어긋나므로 주의. **82** / 사다리꼴이나 육각형으로도 이을 수 있어서 응용 범위가 넓은 모티브. **83** / 볼록한 팝콘뜨기가 귀여워요! 작은 모티브는 다양하게 조합하면 재미있어요.
84 / 잇는 법에 따라서 여러 가지로 재미있는 작품을 만들 수 있습니다. 옷에 이용해보는 것도 저미있지요.

=Y자뜨기

85

86

87

85 / 아름다운 곡선 무늬가 식물을 연상케 합니다. 보기보다 쉽게 뜰 수 있어요.   86 / 사슬의 균형에 주의하며 뜨면 깔끔하게 마무리할 수 있습니다.   87 / 가장자리를 그물뜨기로 마무리하면 이대로도 귀여운 모티브가 됩니다.

88

89

90

= 역Y자뜨기

88 / 더 가는 실로 떠서 섬세한 분위기로 마무리해도 멋진 모티브가 됩니다.　**89** / 커다란 구멍을 단춧구멍으로 이용해 태브를 달아도 재미있어요!
90 / 중심을 여러 색으로 구성해 숄을 떠도 잘 어울리지요.

원형 모티브

언뜻 복잡해 보이는 원형 모티브도 무늬가 어떻게 반복되는지 확인하며 뜨면 어렵지 않습니다.
작은 원은 귀여운 느낌, 커다란 원은 화려한 느낌을 주지요!
어떤 소재나 색을 고를지 잘 생각해서
자신의 취향에 맞는 모티브를 찾아보세요.

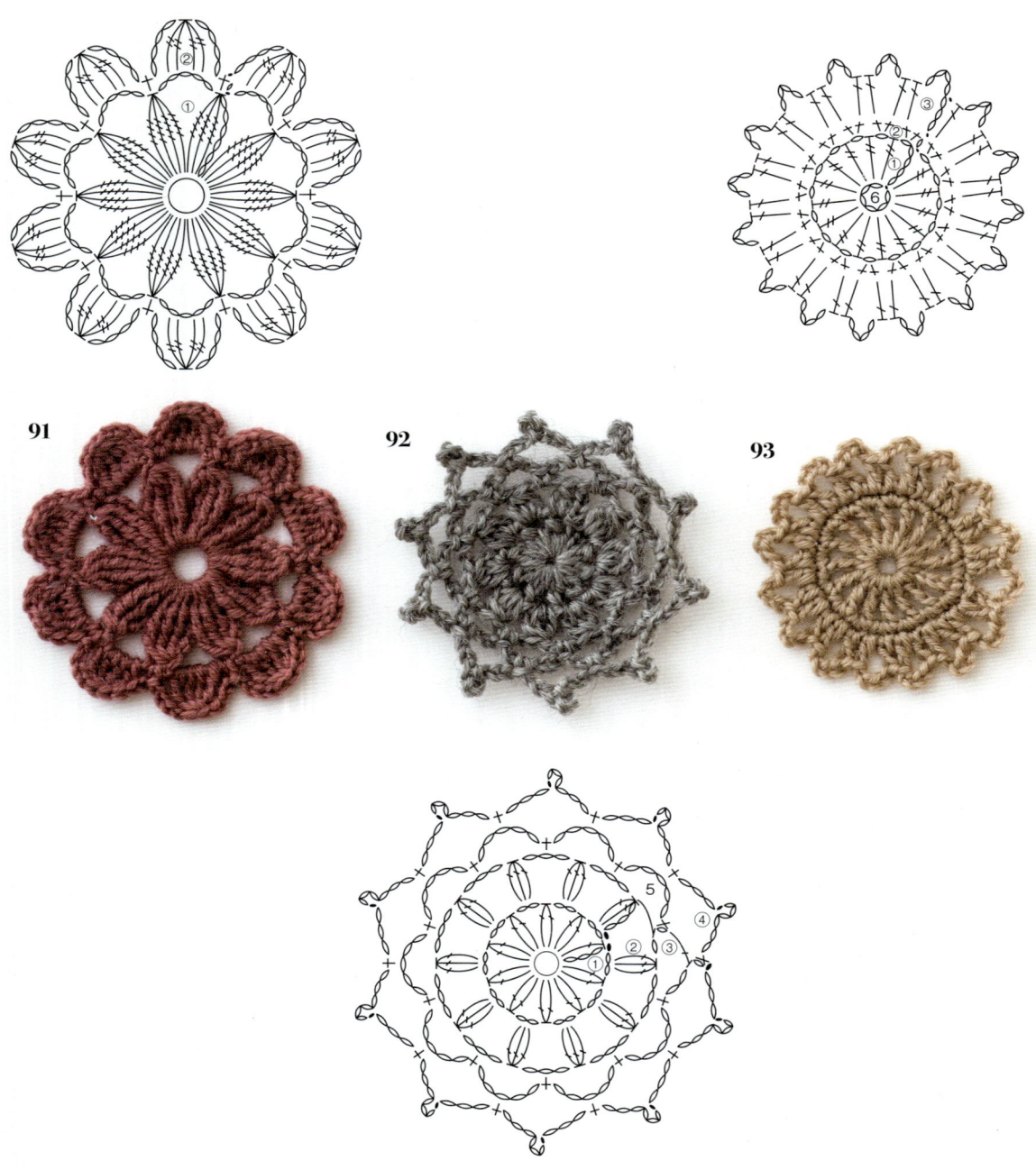

91

92

93

91 / 바늘에 거는 네길 긴뜨기 코가 느슨해지지 않도록 주의. 한 장으로 브로치를 만들거나 이어서 조끼를 떠도 어울립니다.   92 / 반짝이는 별 같은 모티브.   93 / 어디든 사용할 수 있어서 유용한 모티브.

94

95

96

94 / 줄기뜨기 선이 그리는 원이 예뻐요. 잇는 법에 따라 사각형도 삼각형도 원도 될 수 있습니다.   95 / 하늘을 향해 꽃을 피우는 듯한 모티브. 스카프를 만들면 잘 어울립니다.   96 / 팔각형을 원으로 이어서 부드러운 분위기를 연출했습니다. 볼레로 등을 만들면 좋은 모티브입니다

97 / 균형 잡힌 깔끔한 모양이라 어떤 작품이든 어울립니다. **98** / 단색으로도 배색으로도 간단하게 뜰 수 있는 귀여운 모티브. 볼레로를 만들면 잘 어울릴 것 같아요. **99** / 비치는 느낌의 화려한 모티브. 프렌치소매나 조끼 등의 간결한 옷에 사용하기 좋습니다.

100 바깥둘레가 그물뜨기라 중심을 눈에 띄게 하면서 가벼운 작품으로 만들면 좋아요. **101** 장미 꽃잎 같은 모티브. 한 줄로 이어서 타이나 벨트로 이용해보세요. **102** 중심의 무늬가 별을 연상하게 하는 귀여운 모티브. 머플러에 잘 어울립니다.

103

104

105

103 / 한길 긴뜨기와 그물뜨기를 조합한 모티브. 여러 장을 이었을 때 선이 예뻐요. 만들기에 적당합니다.

104·105 / 불꽃처럼 타닥거리며 튈 듯한 느낌이에요. 숄 등을

106

107

108

106 / 국화꽃 같은 모티브. 꽃잎의 한길 긴뜨기 9코는 뜨개코 높이를 잘 조정하면서 뜹니다. 프렌치소매의 풀오버 등에 잘 어울려요.   107 / 중심의 구슬뜨기와 가장자리의 피코가 화려합니다.   108 / 단색보다 배색해 뜨는 것을 추천합니다. 난이도가 조금 높은 상급자용 모티브.

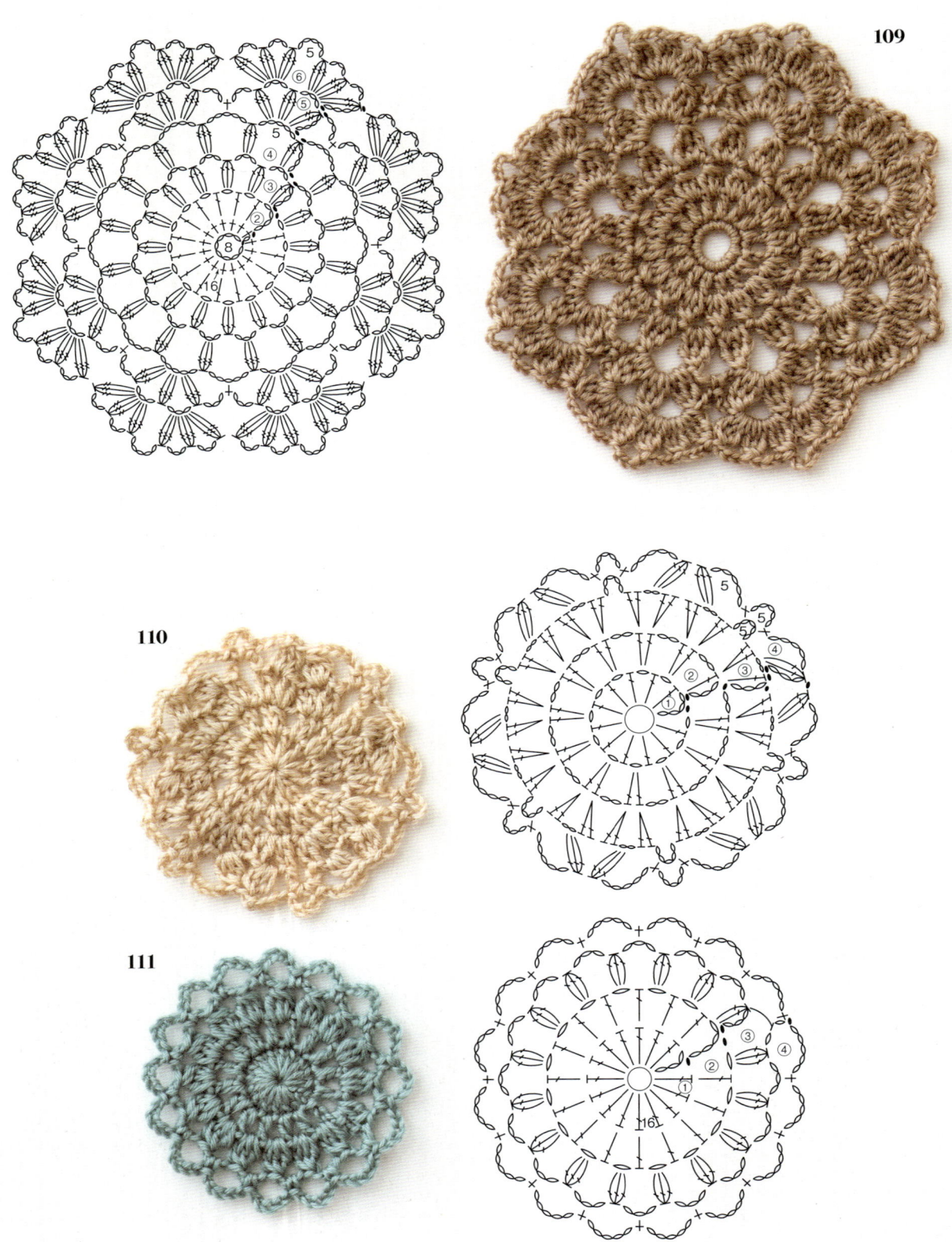

109

110

111

109 / 연꽃을 닮은 느낌의 모티브. 몸판과 소매가 넉넉한 걸치는 옷을 만들어보세요. 110 / 뒤가 비치면서도 탄탄한 뜨개바탕의 모티브.
111 / 깔끔한 동그라미 여러 개가 마치 달리아 같아요. 볼레로나 카디건 등에 어울립니다.

112

113

114

112 / 태양을 향해 피는 해바라기 같은 모티브. 크고 뜨기도 쉬워서 대형 숄 등에 적합합니다.　113 / 비치는 모양이 예쁘고 뜨기도 쉬운 모티브입니다. 가볍게 걸칠 수 있는 삼각 숄을 떠도 좋아요.　114 / 신비한 느낌의 만다라를 방불케 하는 모티브.

115

116

117

115 / 각진 가장자리가 인상적인 모티브. 3단의 6코 구슬뜨기가 어려워요. 116 / 네 잎 클로버에 둘러싸여서 행복을 가져다줄 것 같은 모티브예요! 117 / 뾰족뾰족 나온 피코가 경쾌해 보입니다.

118

119

120

118 / 가장자리의 3연속 피코가 장난스러워요. 119 / 나무의 나이테 같은 선이 들어간 모티브. 대·중·소 모티브로 변형해서 떠도 재미있어요.
120 / 7단의 한길 긴뜨기는 앞단 코를 갈라서 줍는지 코 아래에서 줍는지 잘 확인하세요.

꽃 모양 모티브

꽃잎이 연상되는 모양과 화려한 느낌의 모티브를 모았습니다.
한 장으로도 눈에 확 띄어서 간단한 소품의 포인트나 옷의 가장자리 장식으로 써도 좋고
여러 장을 이어서 덧칼라나 숄을 만드는 것도 추천합니다.

※ ④단의 짧은뜨기는 앞
단의 코와 코 사이에
바늘을 넣어서 뜬다.

121 **122** **123** **124**

121 / 작은 동그라미가 포인트가 되는 모티브로 어디든 사용하기 좋습니다.   122 / 여러 색으로 떠서 이으면 재미있을 것 같아요.   123 / 한 장으
로도 귀여운 꽃 모양 모티브. 숄이나 옷으로 만들어도 멋집니다.   124 / 자꾸자꾸 잇고 싶어지는 미니 모티브.

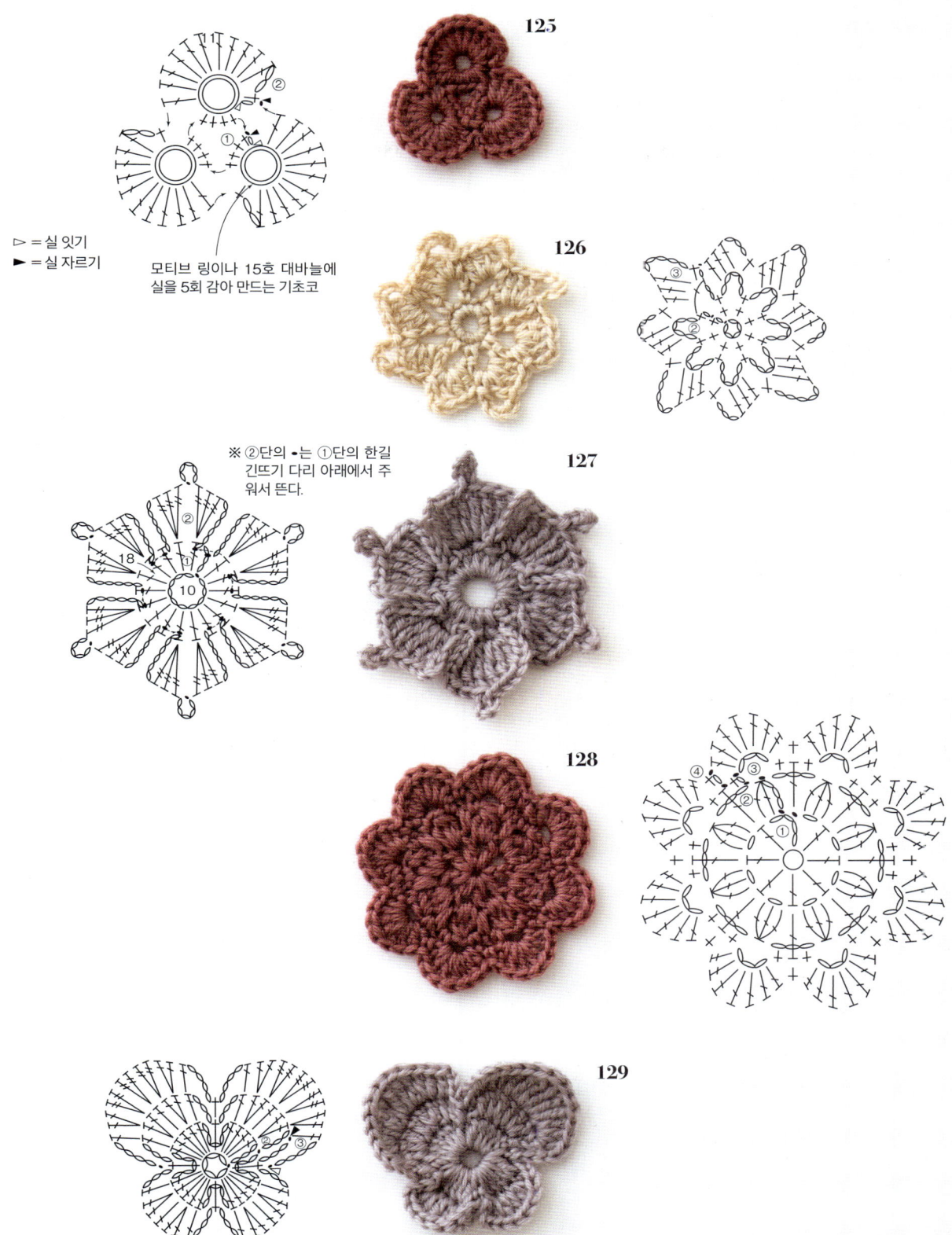

▷ = 실 잇기
► = 실 자르기

모티브 링이나 15호 대바늘에
실을 5회 감아 만드는 기초코

125

126

※ ②단의 •는 ①단의 한길
긴뜨기 다리 아래에서 주
워서 뜬다.

127

128

129

125 / 실로 기초코를 만들어서 뜰 수도 있지만, 모티브 링을 사용하는 방법을 추천합니다.　126 / 3단의 사슬 콧수에 주의하세요.　127 / 꽃술 (1단)과 꽃잎(2단)을 다른 색으로 떠도 좋아요.　128 / 두툼한 모티브. 단색도 귀엽지만, 배색을 넣어야 재미있어요.　129 / 팬지나 나비 같은 느낌 입니다. 원 포인트로 좋아요.

130

131

132

130 / 중심의 팝콘뜨기가 깜찍해요.   131 / 뜨기 쉬운 모티브니까 큼직한 숄에 도전해보세요.   132 / 단순하지만 화려한 인상의 모티브입니다.

44

133

134

135

꽃 모양 모티브

133 / 다시 한번 보고 싶어지는 개성 있는 모티브는 복잡해서 집중력이 필요하지만, 꼭 도전해보세요.   134 / 머플러나 숄에 어울리는 납작한 꽃
모양 모티브.   135 / 콧수가 많으니 시간을 충분히 들여서 떠보세요. 완성하고 나면 그만큼 성취감도 크답니다.

45

136

137

138

= ④단의 한길 긴 구슬뜨기
는 빼뜨기의 피코뜨기를
줍듯이 바늘을 넣는다.

※ ③단의 짧은뜨기는 앞단의 코와 코 사이 아래에서 줍는다.

136 / 수리검처럼 생긴 모티브. 균형이 맞지 않으면 모양이 둥글어지니 주의.　137 / 독특한 모양의 호화로운 모티브.　138 / 한길 긴뜨기가 많아
서 뜨기 쉽고 모양도 잘 고정됩니다.

139 / 한길 긴뜨기가 꽉 들어차 있어서 잇기 쉬운 사각형 꽃. **140** / 작아도 존재감 있는 모티브. 한길 긴뜨기와 공간의 조화가 절묘해요. **141** / 3단에서 한길 긴뜨기 2코를 뜨는 사슬을 세기 힘들므로 그 사슬에 마커를 끼워두면 편리합니다.

142

143

144

142 / 꽃처럼 생긴 모티브. 가운데 뚫린 큰 구멍이 경쾌한 느낌을 줍니다.　143 / 꽃잎의 네길 긴 구슬뜨기가 어려우니 주의하세요.　144 / 가장자
리를 두른 피코가 귀여워서 숄로 만들면 잘 어울립니다.

145

146

147

145 / 별과 꽃을 합해놓은 듯한 귀여운 모티브. 옷이나 소품의 악센트로 사용하기 좋아요.　146 / 쉽게 뜰 수 있어서 초보자에게도 추천합니다.
147 / 입체적인 꽃잎 모티브. 다양한 색으로 떠도 예쁘답니다.

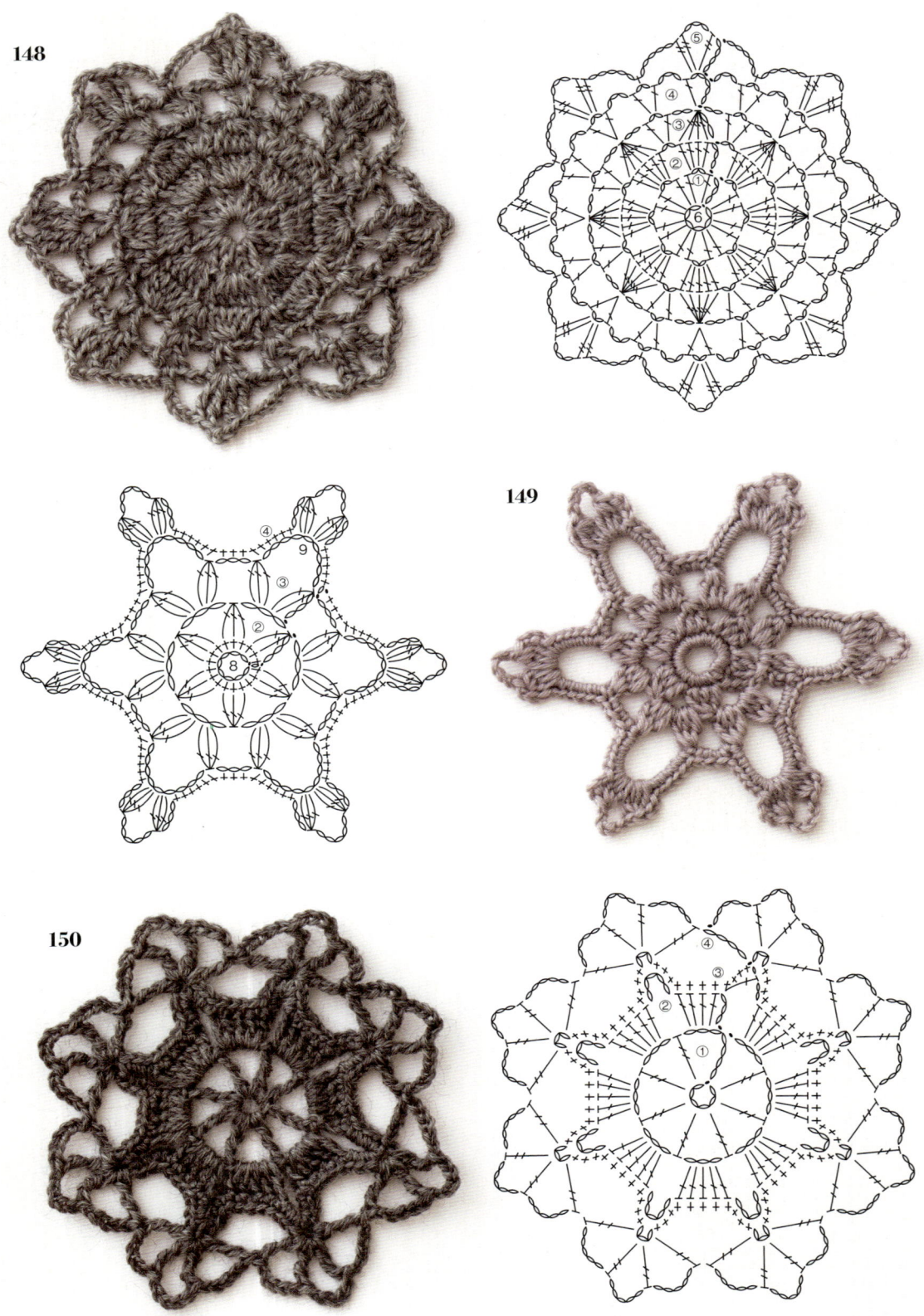

148

149

150

148 / 뜨개코와 빈 공간을 균형 있게 배치해서 뜨기 쉽습니다. 149 / 한붓그리기 같은 선 모티브는 모양이 찌그러지지 않도록 주의. 150 / 이어
서 작품을 만들면 재미있는 느낌이 날 것 같은 모티브입니다.

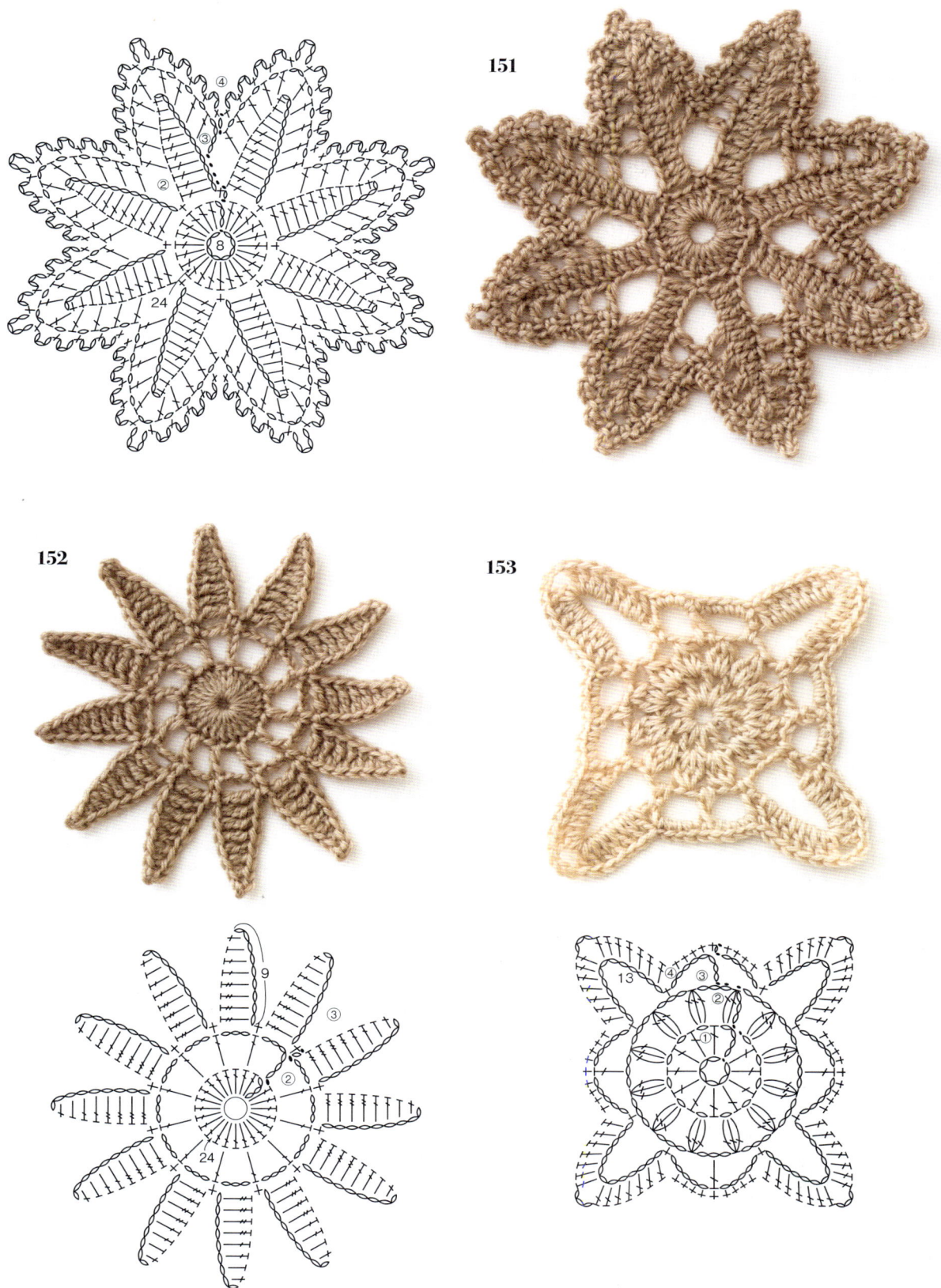

151

152

153

151 / 모티브가 펄럭거려서 뜨기는 조금 어렵지만 완성해놓으면 그 화려함에 끌린답니다.   152 / 마지막의 뾰족한 부분이 둥그스름해지기| 쉬우니
공들여서 마무리합니다!   153 / 구멍이 많이 뚫린 모티브는 잘 비뚤어지니 주의.

구슬뜨기 무늬 모티브

긴뜨기나 한길 긴뜨기 등 뜨개코의 머리를 꽉 조여서 만드는 구슬뜨기 무늬가 봉긋하고 귀여운 모티브입니다.
구슬뜨기는 언제나 같은 힘으로 실을 넉넉히 끌어내야 예쁜 구슬을 만들 수 있습니다.

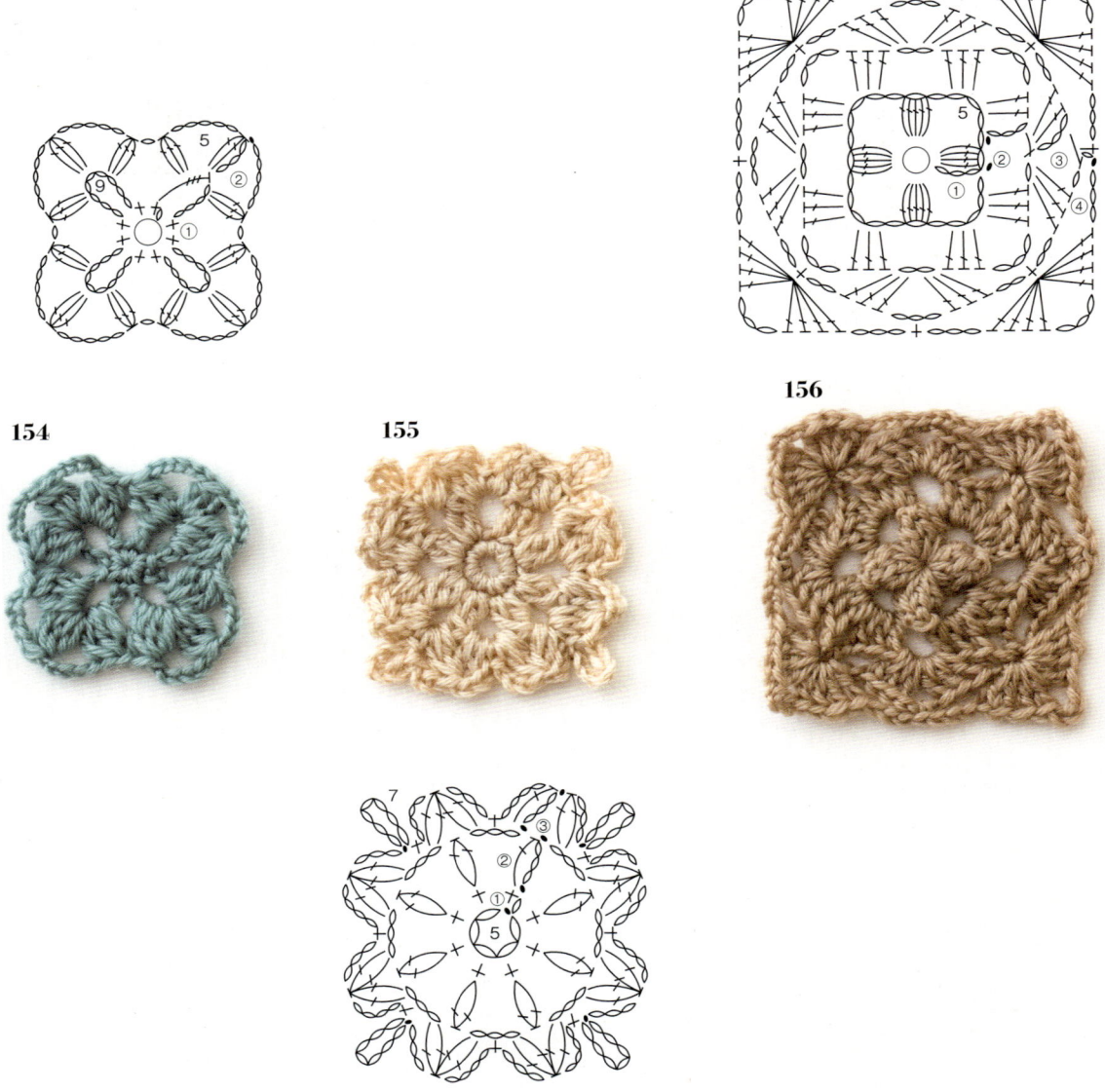

154 **155** **156**

154 / 여러 색으로 떠서 컬러풀한 가방으로 만들어도 좋습니다.   155 / 모서리에 피코가 있어서 잇기 쉬운 모티브.   156 / 모헤어사 등으로 폭신
하게 떠도 멋지지요.

52

☆의 빼뜨기는 ②단
의 사슬 2코의 사슬
코 산을 안면에서 같
이 줍는다.

157 / 중앙의 구슬뜨기가 서로 꼬리잡기하는 것 같지요. 배색을 넣어서도 떠보세요.　158 / 겉면도 안면도 느낌이 좋아서 머플러 등에 적당합니다.
159 / '가운데는 빽빽하고 가장자리는 레이스' 같은 대비가 멋진 모티브입니다.　160 / 부피감 있는 모티브라서 블랭킷 등을 만들기 좋습니다.

구슬뜨기 무늬 모티브

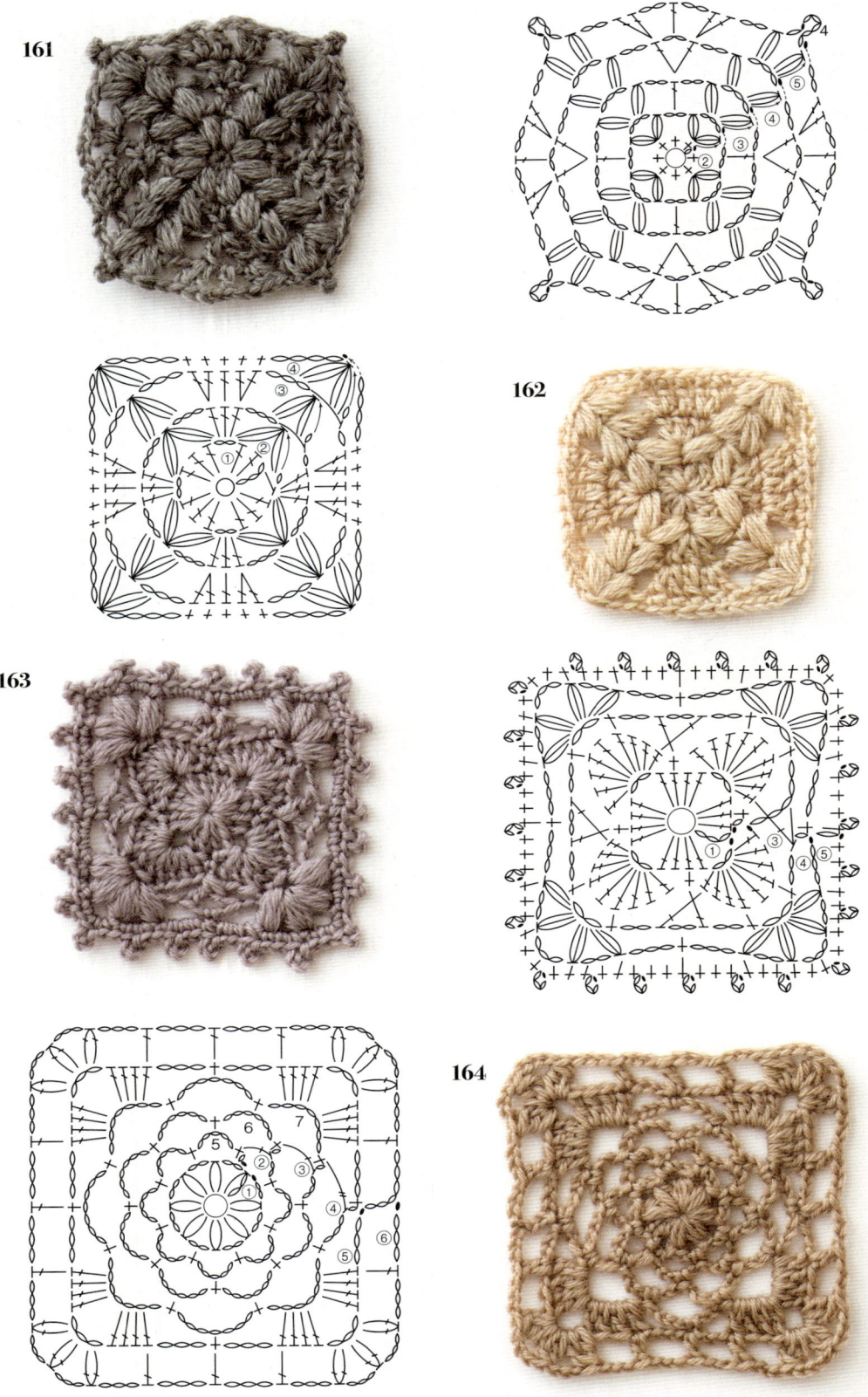

161

162

163

164

161·162 / 구슬뜨기 기둥코는 뜨개코 높이를 생각하며 실을 쭉 끌어냅니다.   163 / 마지막 단의 짧은뜨기는 '코를 갈라서 줍는지', '코 아래에서 줍는지' 잘 확인하세요.   164 / 그물과 모눈을 조합한 쉬운 무늬.

165

166

※ ③단의 한길 긴
구슬뜨기는 빼뜨
기의 피코뜨기를
줍듯이 바늘을
넣는다.

167

168

165 / 뜨기 쉽고 귀여운 모티브. 166 / 가로로 이어지는 구슬뜨기는 빼뜨기의 피코뜨기처럼 바늘을 넣어서 뜹니다. 167 / 가장자리의 피코 무
늬가 화려해요. 168 / 사슬 크기를 고르게 뜨면 깔끔합니다.

169

170

171

172

169 / 두 가지 구슬뜨기의 느낌을 즐겨보세요. 가방을 만들기에도 좋은 모티브입니다. 170 / 배색해 떠보고 싶은 모티브. 171 / 4단은 뜨개코 높이를 신경 써서 뜹니다. 172 / 3단부터 색을 바꾸면 가운데가 꽃무늬처럼 됩니다.

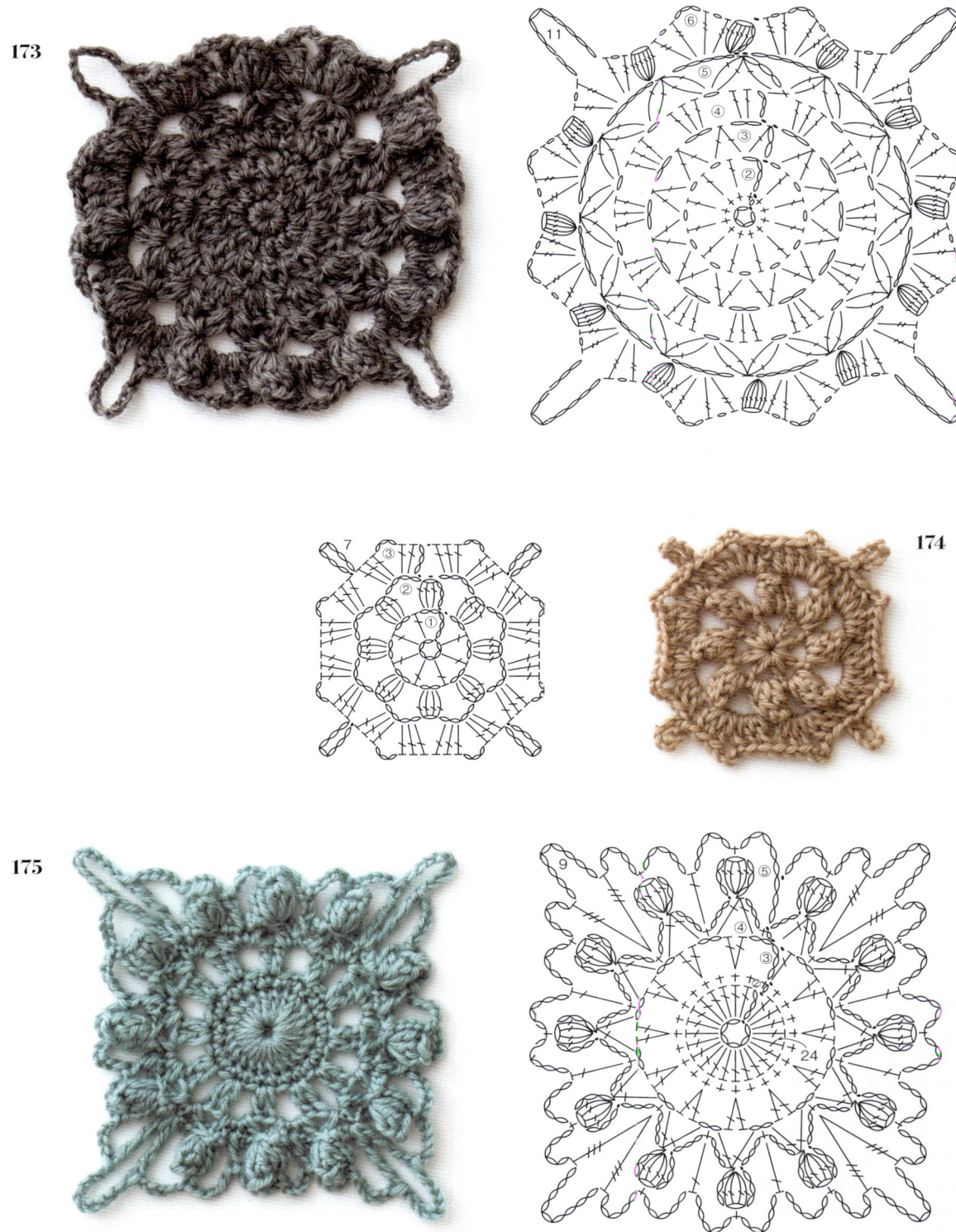

173 / 마지막 단의 6코 팝콘뜨기는 뜨는 위치에 주의! **174** / 원처럼도, 팔각형이나 사각형처럼도 이을 수 있습니다. **175** / 팝콘뜨기 넣는 법, 마지막 단의 뜨개코 높이, 깔끔한 마무리 등을 하려면 경험이 필요해요.

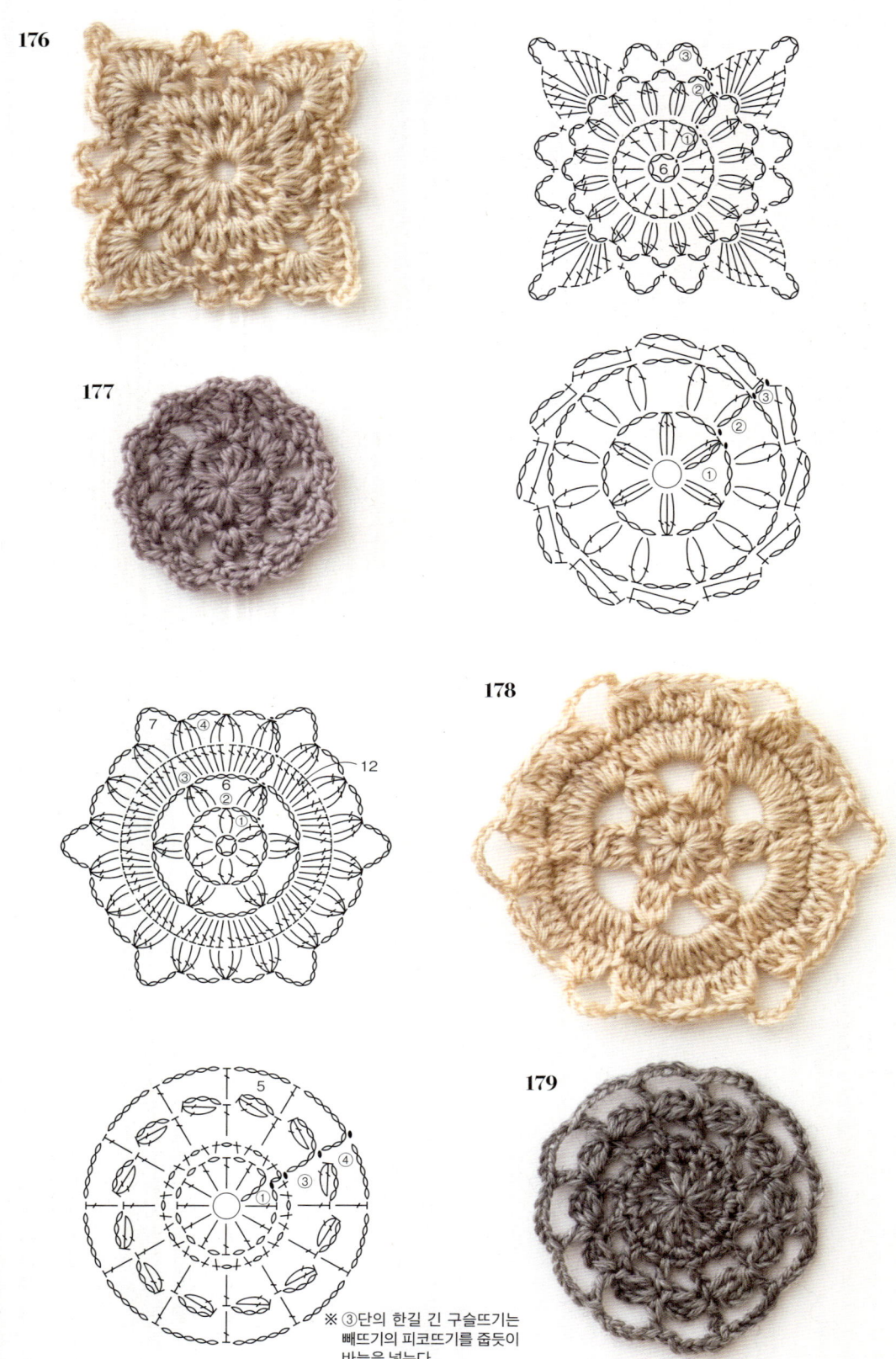

176

177

178

179

12

176 / 대바늘뜨기 작품과 조합해도 재미있어요!　　**177** / 작은 꽃이 연상되는 귀여운 모티브.　　**178** / 배색해 뜨면 또 다른 느낌의 모티브가 됩니다.
179 / 한 바퀴 돌아가며 옆으로 기울어진 구슬뜨기가 독특합니다.

※ ③단의 한길 긴 구슬뜨기는
빼뜨기의 피코뜨기를 줍듯이
바늘을 넣는다.

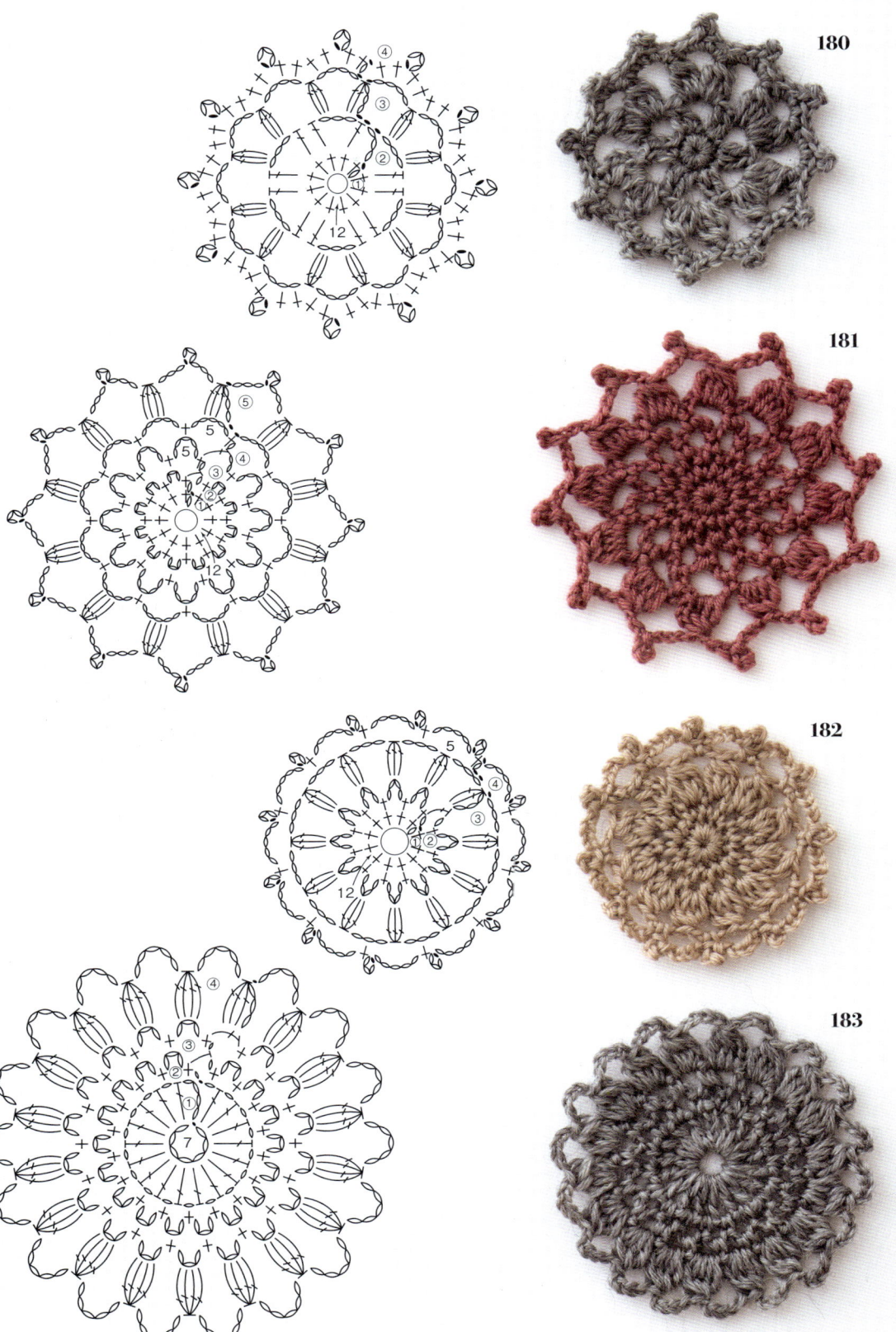

180

181

182

183

180 / 목둘레나 밑단에 악센트로 쓰기 좋은 모티브입니다.　　181·183 / 무늬 반복이 쉽고 단순해서 뜨기 좋아요.　　182 / 작아도 존재감 있는 모티브.

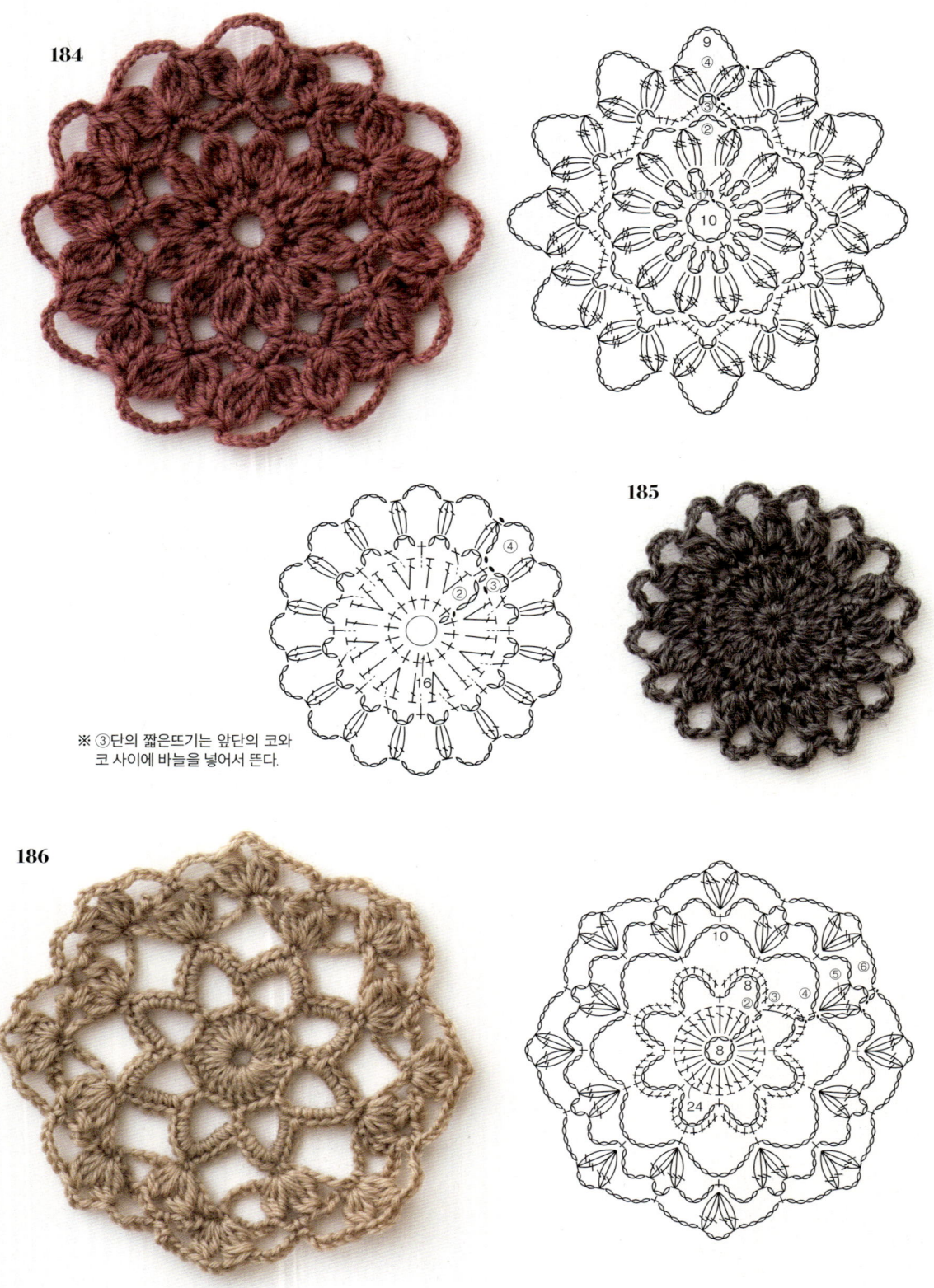

184

185

186

※ ③단의 짧은뜨기는 앞단의 코와
코 사이에 바늘을 넣어서 뜬다.

184 / 두길 긴 구슬뜨기가 박력 만점이에요!　185 / 다양한 색과 소재로 떠서 이으면 블랭킷이나 가방 등에 잘 어울립니다.　186 / 가운데의 꽃무
늬를 배색으로 떠도 멋집니다.

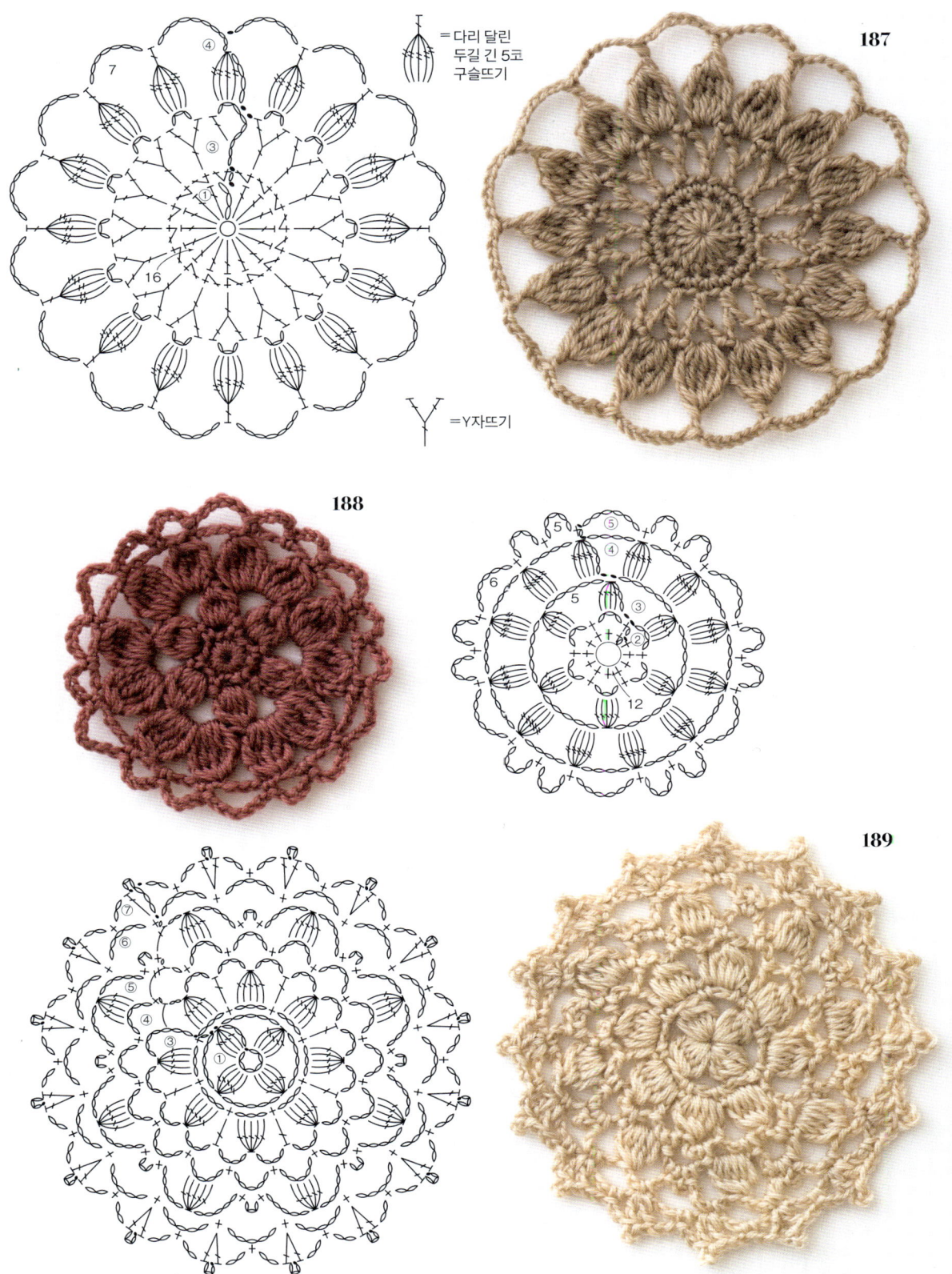

= 다리 달린
두길 긴 5코
구슬뜨기

=Y자뜨기

187

188

189

187 / 3단은 'Y자뜨기', 4단은 '다리 달린 두길 긴 5코 구슬뜨기'. 조금 어렵지만 도전해보세요! 188 / 모티브 모양도 뜨개코도 동글동글해서 귀여
워요. 189 / 모티브 한 장에 구슬뜨기가 무려 20개! 구슬뜨기 마스터가 되어봅시다.

190   **191**

192

193

190·191 / 봉긋한 긴 구슬뜨기가 사랑스러운 모티브.   **192** / 3단의 한길 긴뜨기는 2단 뜨개코를 앞으로 접고 1단의 구슬뜨기에 뜹니다.
193 / 6단에서 사슬 1코에 짧은뜨기를 3코 뜨는 부분이 틀리기 쉬우니 주의하세요.

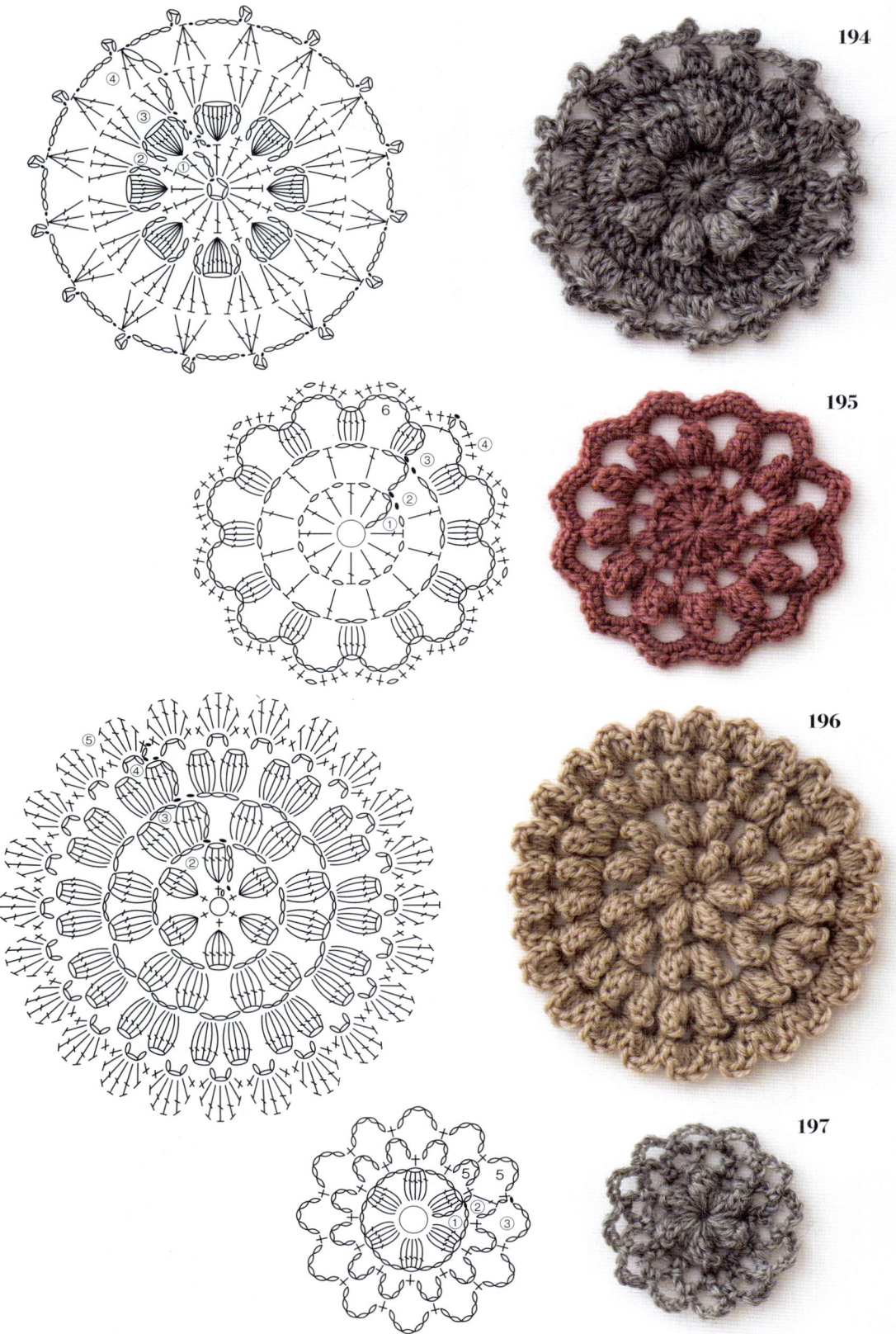

194

195

196

197

194 / 볼륨감 만점인 '한길 긴 7코 팝콘뜨기' 모티브.　195 / 가장자리의 들쭉날쭉한 선이 또렷하게 나오도록 마무리합니다.　196 / 팝콘뜨기
42개가 압권! 굵은 실로 뜨면 둥근 방석이나 매트로도 좋아요.　197 / 많이 이어서 옷을 뜨기에도 좋은 모티브입니다.

구슬뜨기 무늬 모티브

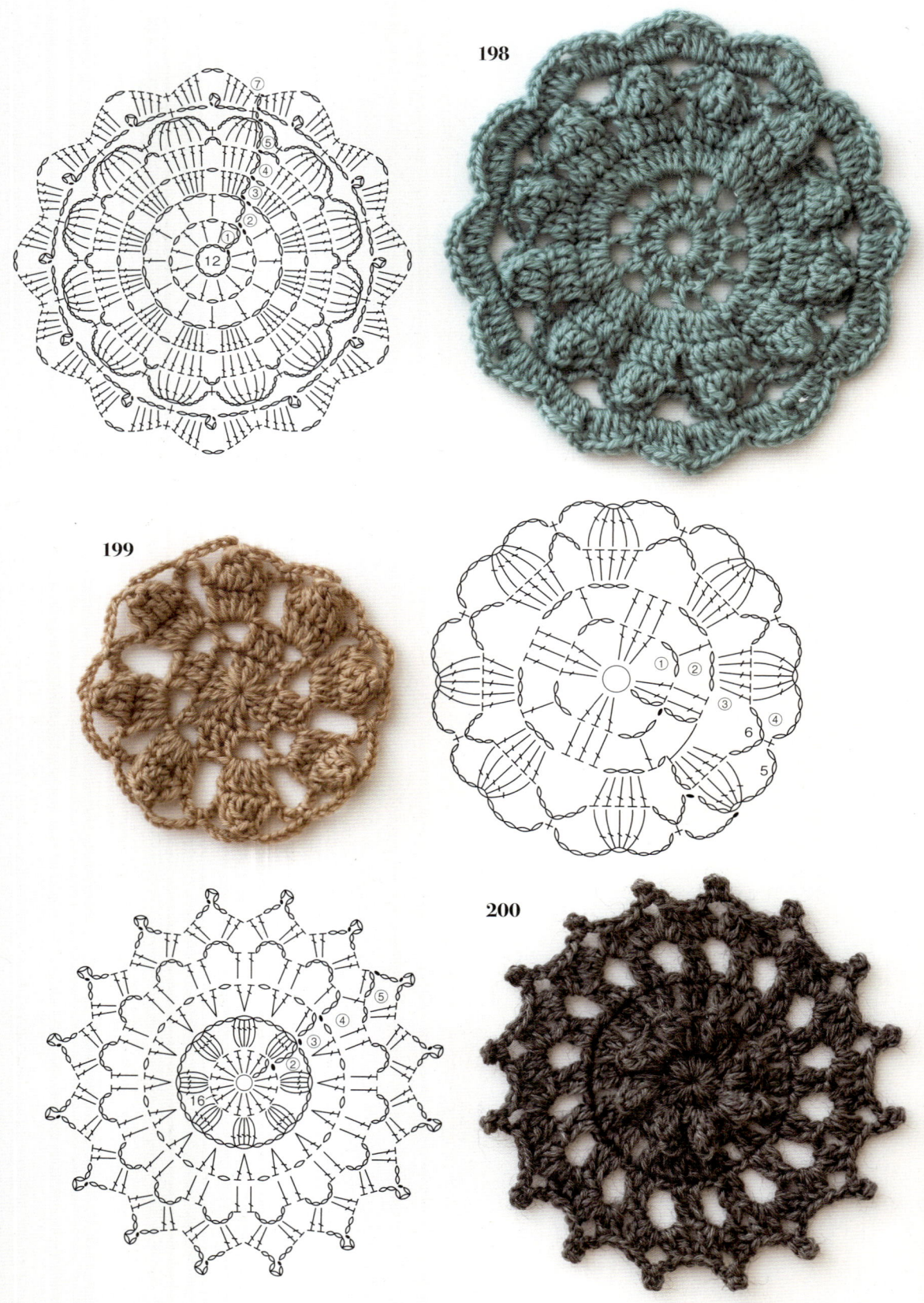

198

199

200

198 / 뜨는 보람이 있는 큼직한 모티브. 스톨이나 숄을 만들기에 좋습니다.　199 / 모티브 둘레의 무늬가 마치 팬케이크 같아요.　200 / 2단의 팝
콘뜨기는 1단 한길 긴뜨기의 코와 코 사이에 바늘을 넣어서 뜹니다.

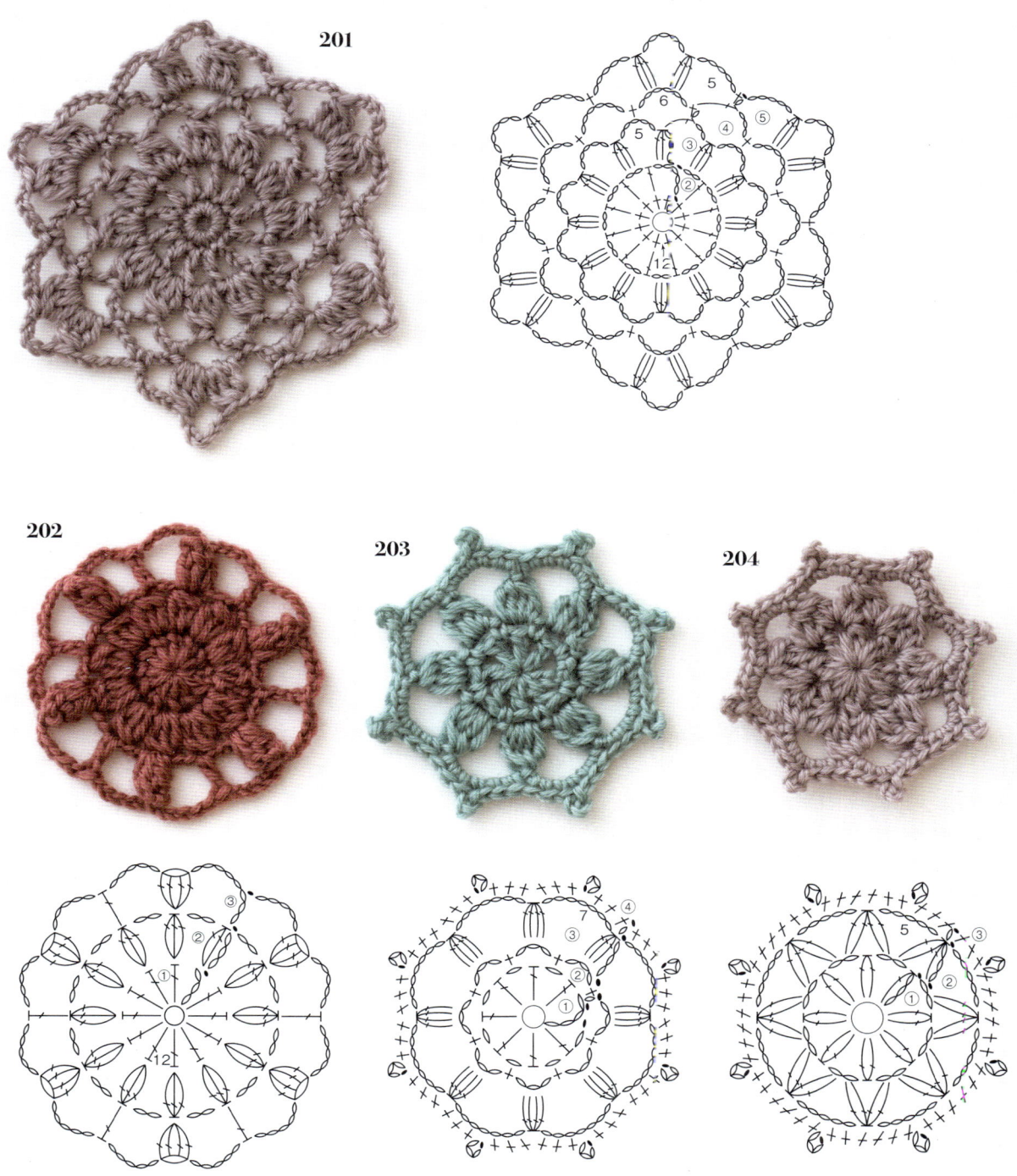

201

202　　**203**　　**204**

201 / 뜨기 쉽고 어떤 작품에도 응용할 수 있는 모티브예요.　202 / 4코 팝콘뜨기가 효과를 발휘한 모티브.　203·204 / 가장자리를 짧은뜨기로
마무리하면 안정감 있는 느낌을 줍니다. 배색해서 뜨는 것도 추천합니다.

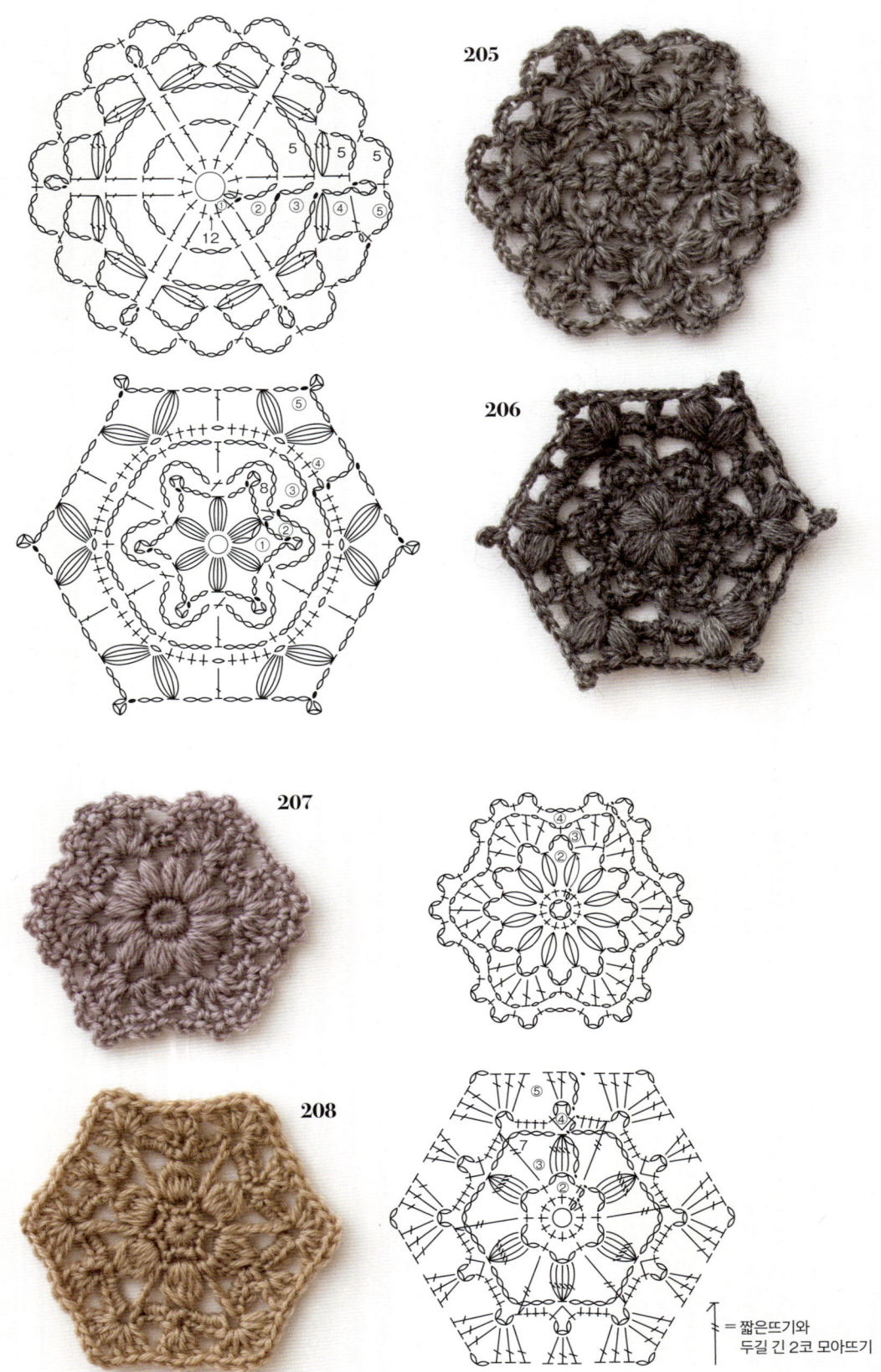

205

206

207

208

205 / 머리를 맞댄 것처럼 사선으로 이어지는 구슬뜨기가 포인트.　**206·207** / 긴 구슬뜨기는 크기와 높이를 고르게 하는 것이 잘 뜨는 비결입니다. 　**208** / 구슬뜨기 단만 배색으로 뜨면 구슬이 도드라져 보여서 귀여워요.

209 / 꽃잎의 '다리 달린 두길 긴 3코 구슬뜨기'가 포인트.　**210** / 구슬뜨기에 이어서 뜨는 가장자리 피코가 화려하지요.　**211** / 긴 구슬뜨기는 언제나 같은 힘을 줘서 봉긋하게 뜹니다.　**212** / 쉽게 뜰 수 있고, 구슬뜨기의 장점을 살린 귀여운 무늬입니다.

= 다리 달린
두길 긴 3코
구슬뜨기

209

210

211

212

213

214

215

213 / 임팩트가 큰 모티브! 한 장으로 아플리케에 사용해도 멋집니다.　**214** / 1단에 구슬뜨기가 24개 들어갑니다. 옷의 밑단 등에 부분적으로 사용해보세요.　**215** / 작은 꽃을 이은 듯한 모티브. 구슬뜨기 크기를 고르게 뜨는 것이 요령이에요.

216

217

218

216 / 두길 긴뜨기 바탕으로 구성한 박력 있는 구슬뜨기 꽃. 217 / 팝 컬러로 떠서 가방을 만들어도 좋고, 브레이드 모양으로 이어도 귀엽답니다.
218 / 2단의 '한길 긴뜨기~네길 긴뜨기'의 뜨개코를 균형 있게 뜨는 부분이 어렵습니다.

입체 무늬 모티브

뜨개코를 겹쳐서 꽃잎 또는 프릴을 표현하거나, 앞단의 코를 감싸며 뜨거나 걸어뜨기해 부피감을 내는 등
코바늘뜨기의 독특함을 맛볼 수 있는 모티브입니다. 특히 입체 무늬 모티브에서는
배색 사용이 효과를 발휘합니다.

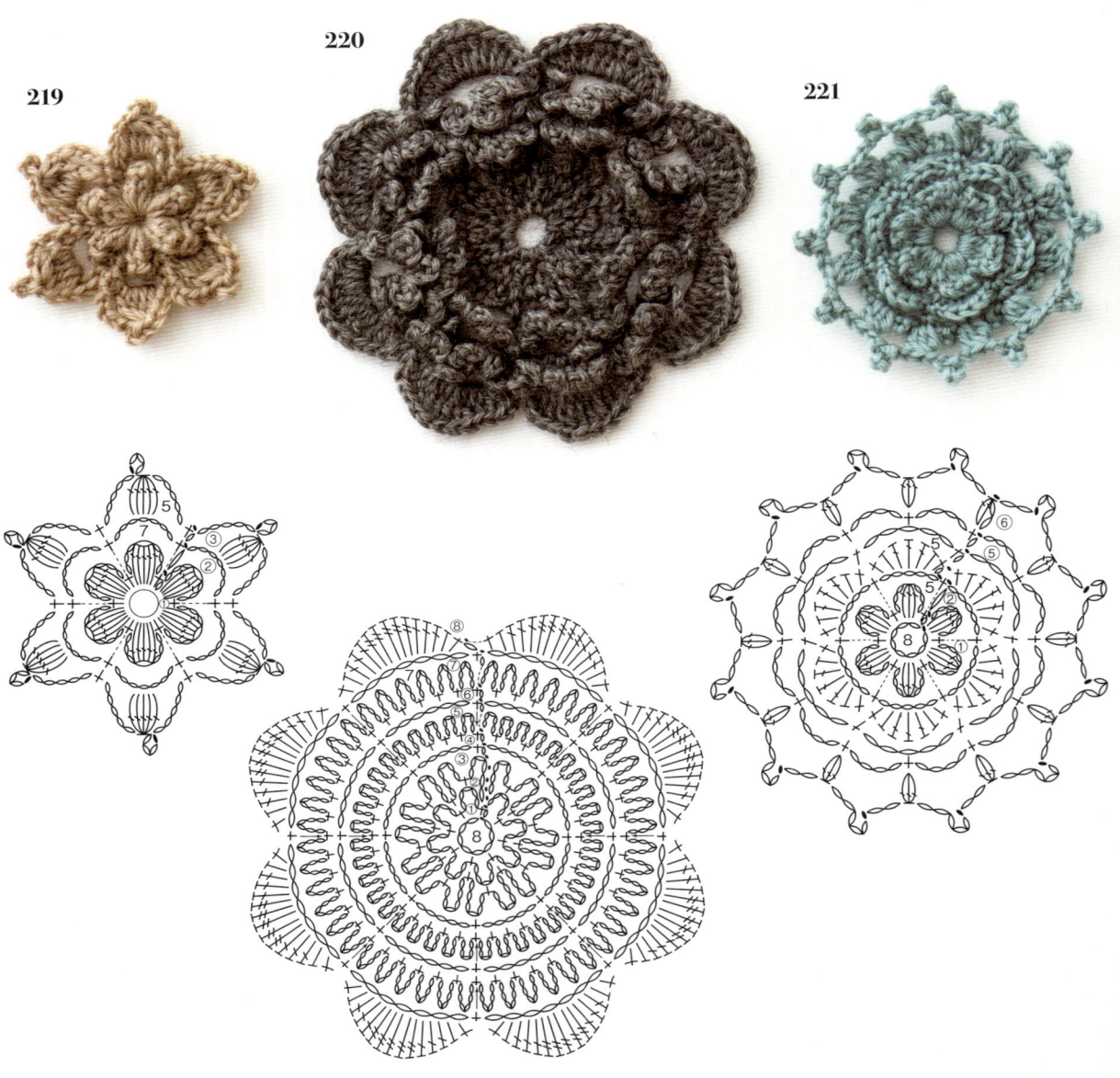

219 / 작은 모티브라서 중심의 팝콘뜨기가 더욱 두드러집니다.　**220** / 프릴이 눌리지 않도록 마무리하세요.　**221** / 가장자리의 피코가 귀여운 모티브.

222

223

224

225

※ ④단은 ③단을 앞으로 접
고 ①단의 사슬에 뜬다.

222 / 그물뜨기의 레이스 바탕과 입체 꽃잎의 대비가 재미있어요. **223·224** / 꽃잎의 뜨개코는 깔끔한 곡선이 되도록 의식하며 뜹니다.
225 / 어긋나게 겹쳐지는 꽃잎이 마치 장미꽃 같은 모티브.

226 / 꽃잎 2단은 서로 어긋나도록 뜹니다.　227 / 가장자리가 그물뜨기라서 쉽게 이을 수 있습니다.　228 / 꽃잎의 곡선이 완만하게 나오도록 뜨개코 높이에 주의를 기울입니다.

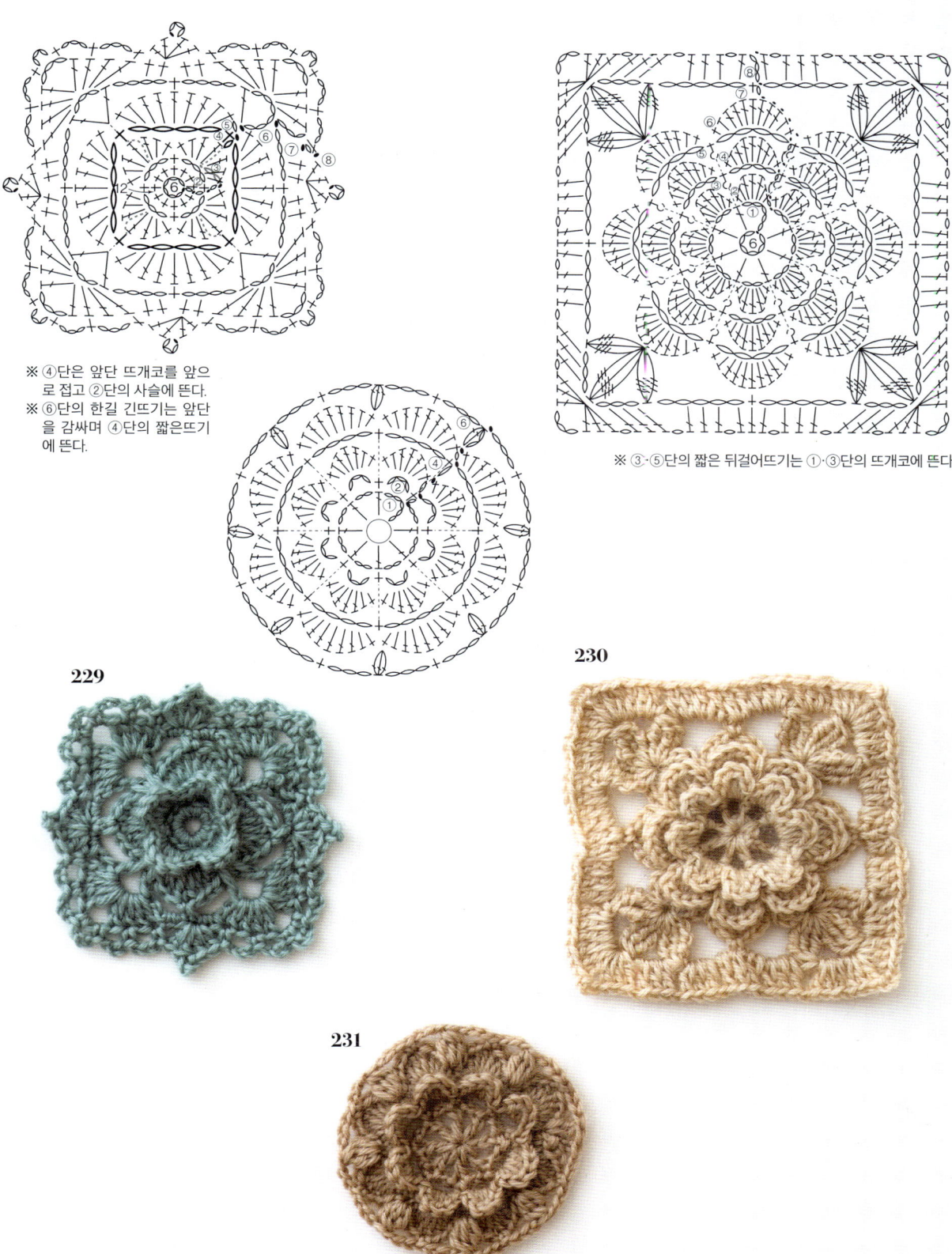

※ ④단은 앞단 뜨개코를 앞으로 접고 ②단의 사슬에 뜬다.
※ ⑥단의 한길 긴뜨기는 앞단을 감싸며 ④단의 짧은뜨기에 뜬다.

※ ③·⑤단의 짧은 뒤걸어뜨기는 ①·③단의 뜨개코에 뜬다.

229

230

231

229 / 어떻게 궁리하느냐에 따라 자유롭게 이을 수 있습니다.　**230** / 꽃과 잎이 연상되도록 배석해서 떠도 재미있어요.　**231** / 원형·구슬뜨기·입체를 욕심껏 모두 넣어서 구성한 꽃 디자인.

232

233

234

235

피코

피코를 앞으로 접고
화살표처럼 코 아래로
바늘을 넣어서 뜬다.

232 / 1단의 그물 무늬가 잘 고정되지 않으므로 주의.　233 / 기본적인 꽃 모양 모티브.　234·235 / 작아도 존재감 있는 사각 모티브입니다.

74

※ ④단은 ③단 짧은뜨기의 앞쪽 1가닥을 줍고,
⑤단은 ③단 짧은뜨기의 뒤쪽 1가닥을 주워서 뜬다.

32

236

③ a색
② b색
① a색

※ ②단은 ①단의 피코를 앞
으로 접고 한길 긴뜨기 사
이에 바늘을 넣어서 뜬다.

237

238

239

236 / 4·5단의 반 코 줍기가 조금 난이도 높은 부분입니다.　237 / 3단 모서리는 Y자뜨기 응용입니다.　238 / 빽빽하게 모인 따개비 같은 무늬.
배색을 넣으면 이미지가 또 달라져서 재미있어요.　239 / 중심의 꽃잎 같은 그물 무늬가 엉클어지지 않도록 주의.

240

④ c색
③ b색
②
① } a색

241

⑤ c색
④ b색
③
②
① } a색

242

④ c색
③
② } b색
① a색

240 / 배색해 뜨면 꽃무늬가 돋보입니다.　**241** / 2단은 모티브를 안으로 뒤집어서 뜹니다.　**242** / 모티브를 이었을 때 모서리 선이 재미있는 모양으로 나옵니다.

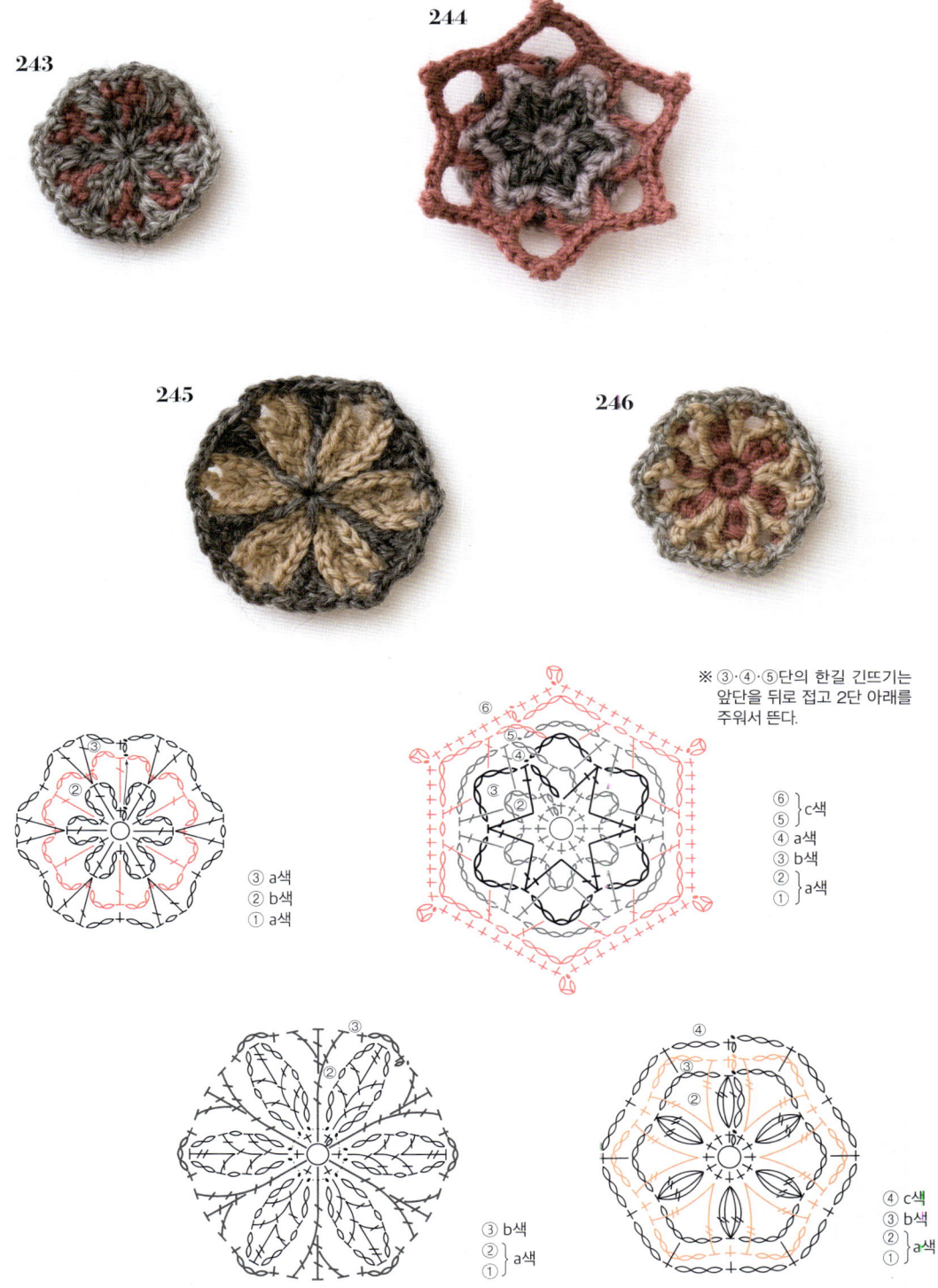

243

244

245

246

※ ③·④·⑤단의 한길 긴뜨기는
앞단을 뒤로 접고 2단 아래를
주워서 뜬다.

⑥ } c색
④ a색
③ b색
② } a색
①

③ a색
② b색
① a색

③ b색
② } a색
①

④ c색
③ b색
② } a색
①

입체 무늬 모티브

243 / 작은 모티브 안의 둥근 꽃잎이 인상적인 모티브. 244·246 / 무늬의 흐름을 잘 확인하고 뜨개코의 위아래를 주의합니다. 245 / 2단의 잎
맥 같은 난해한 뜨개코는 Y자뜨기의 조합입니다. 이 모티브를 떠보면서 스킬을 한·층 늘립시다.

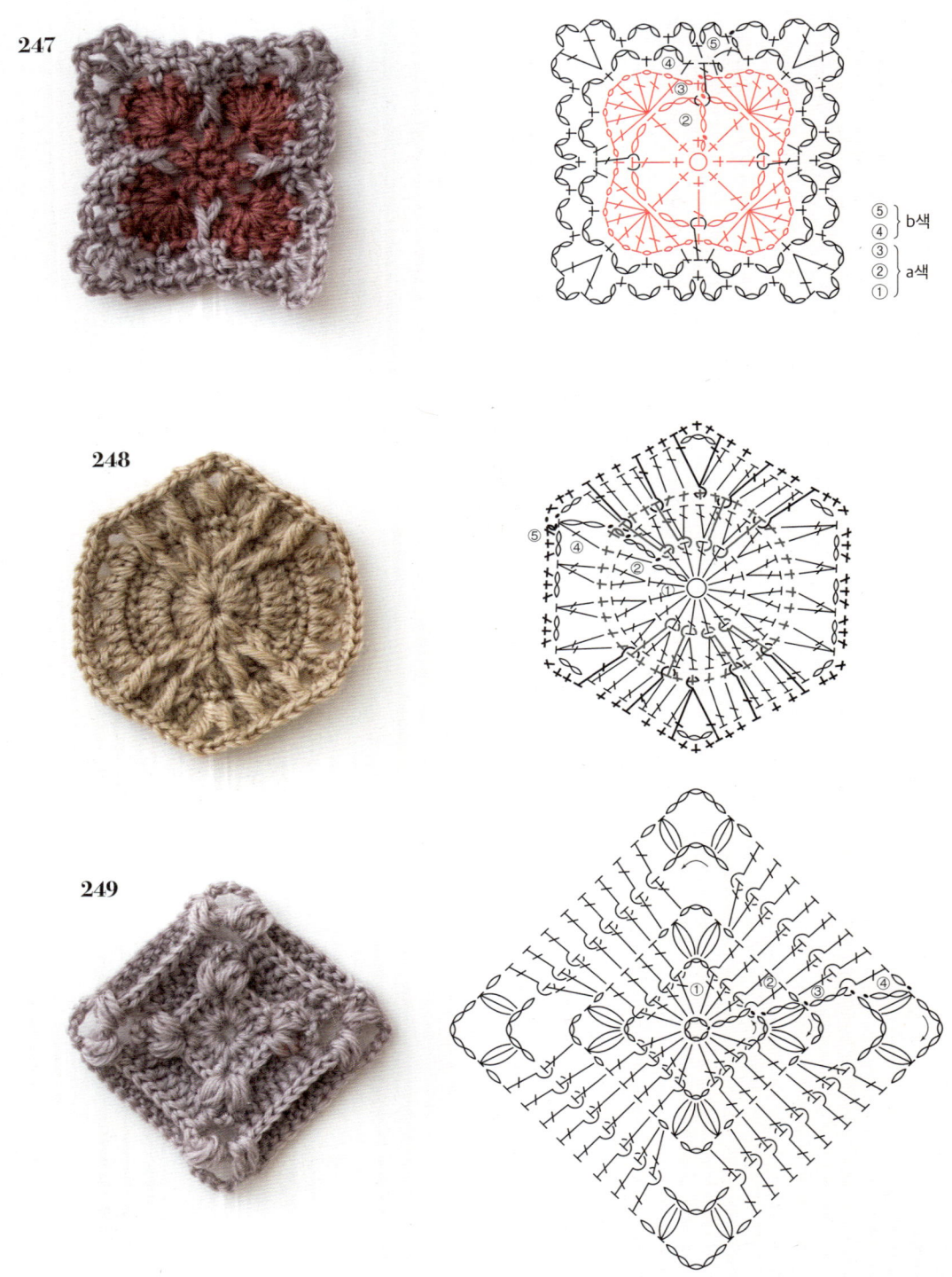

247

248

249

⑤ } b색
④ }
③ } a색
②
①

247 / 4단의 걸어뜨기는 실을 쭉 끌어내서 뜹니다.   248·249 / 걸어뜨기 선이 포인트가 되어서 모티브를 이으면 더 재미있는 효과를 발휘합니다.

250 둥근 꽃잎이 인상적입니다. 그물뜨기로 마무리해서 뜨기 쉬워요. **251** 바이올렛꽃 같은 독특한 모양의 모티브. **252** 요동치는 뜨개바탕이 신기하죠. 얼마든지 점점 퍼지도록 뜰 수 있습니다.

레이스 모티브

뜨개코와 빈 곳의 대비가 아름다운 레이스 모티브는 면 레이스사로 떠서 소개합니다.
레이스사는 모사에 비해 매끄럽고 뜨개코가 느슨해지기 쉽습니다.
실을 당기는 데 신경 써서 뜨개코 머리를 조이며 뜹니다.

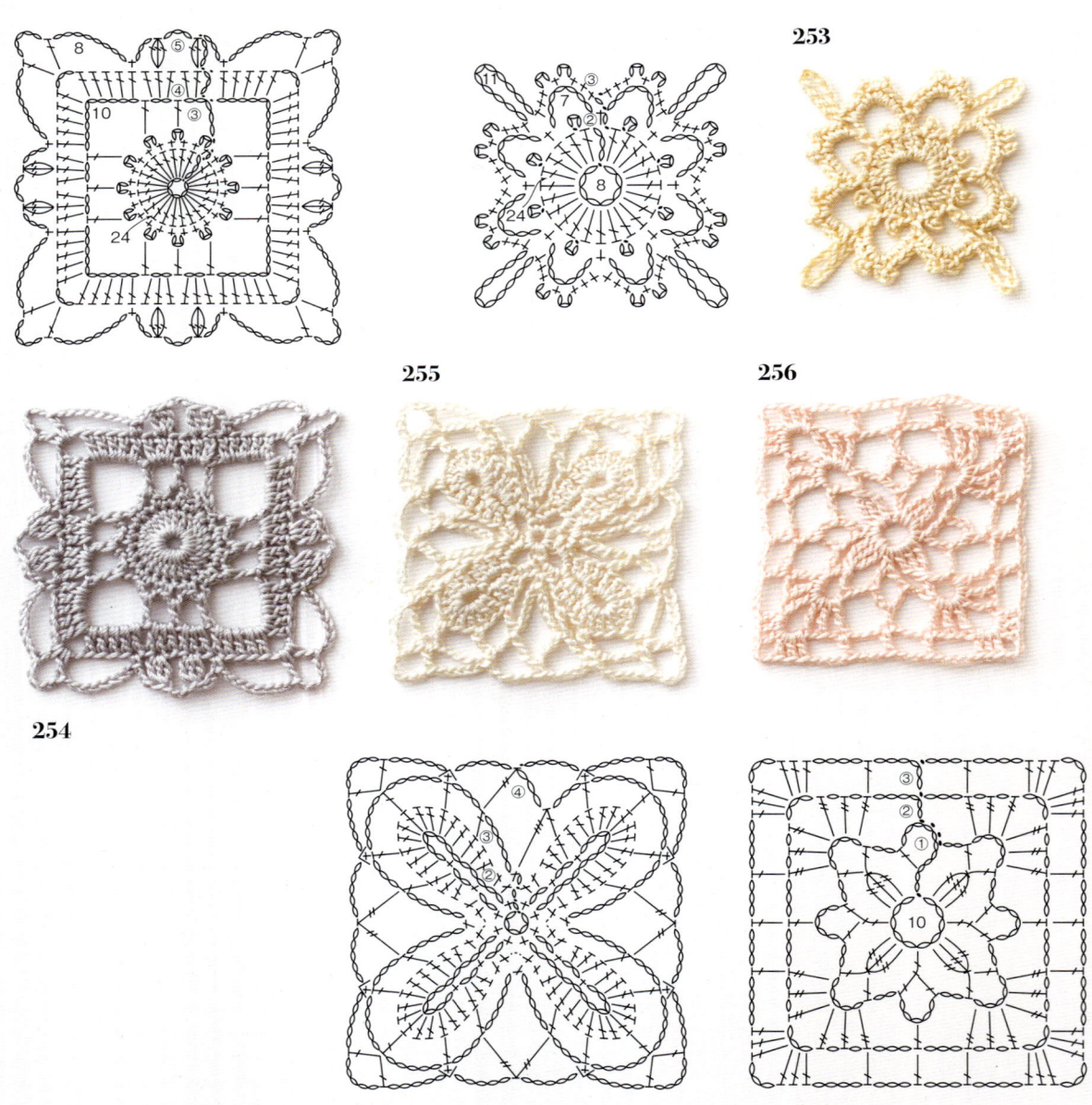

253

255　**256**

254

253 / 네 귀퉁이의 고리를 살려서 이어줍니다.　254 / 중심에 떠 넣은 한길 긴뜨기가 잘 고정되어서 뜨기 쉬운 모티브입니다.　255 / 네 잎 클로버
같은 무늬.　256 / '한길 긴 X자뜨기(실 4회 감고 시작) 아래가 구슬뜨기 버전'. 1단부터 어려워 보이는 모티브입니다.

257·258 / 모티브를 이으면 모서리 무늬가 선이 되어서 또 다른 무늬가 보입니다. 259 / 프릴 같은 그물 무늬가 세련된 모티브.

레이스 모티브

260

261

262

260 / 중심의 꽃이 귀여워요.　261 / 숄이나 스커트로 만들어보고 싶은 모티브입니다.　262 / 해바라기를 연상시키는 뜨개 무늬.

263

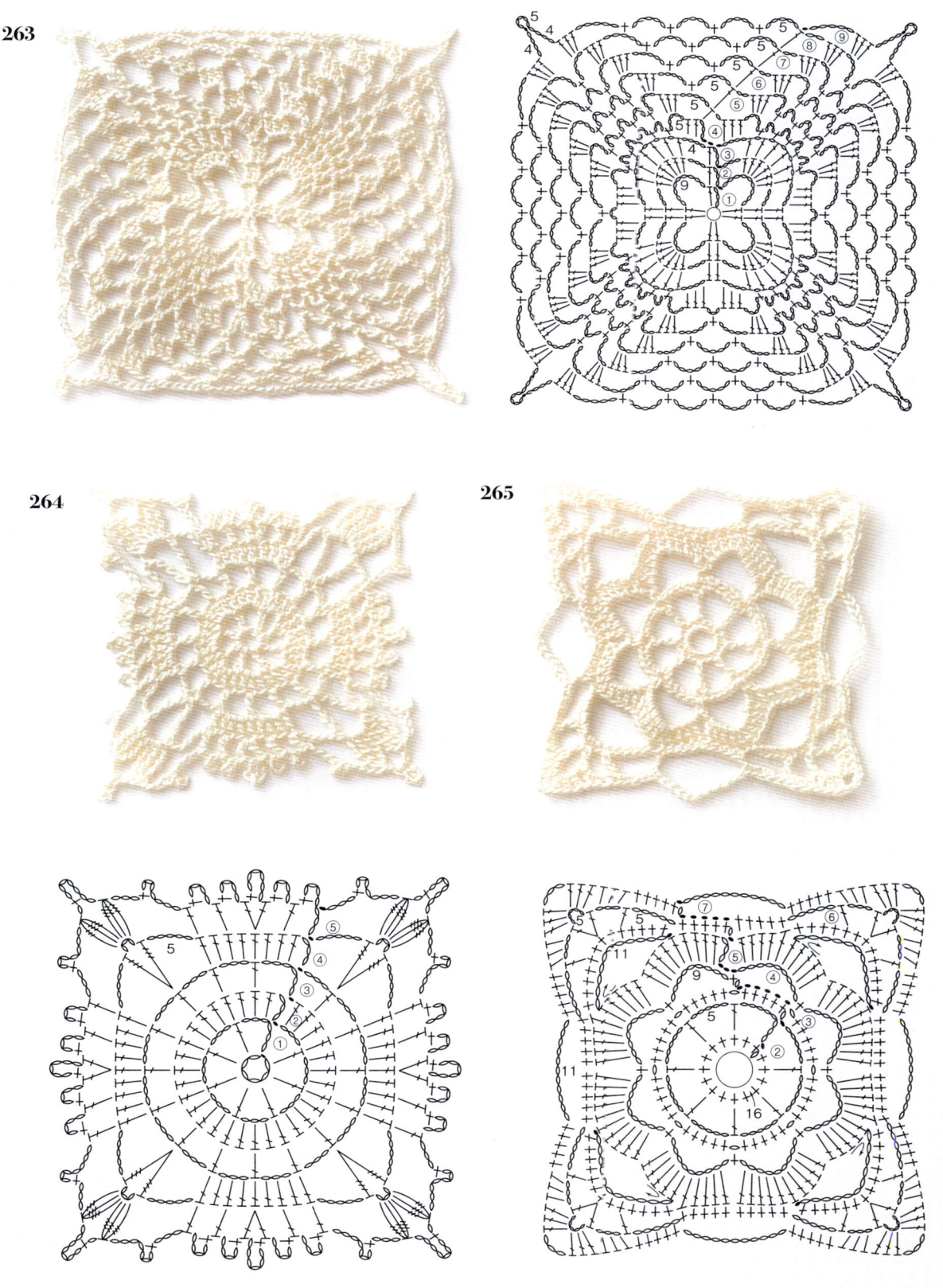

264

265

263 / 섬세한 파인애플 무늬를 디자인한 모티브. 264 / 세길 긴뜨기와 사슬뜨기의 균형에 주의. 265 / 5단에서 뜨는 방향이 반대가 되는 부분
이 있으니 거기에서 헤매지 마세요.

266

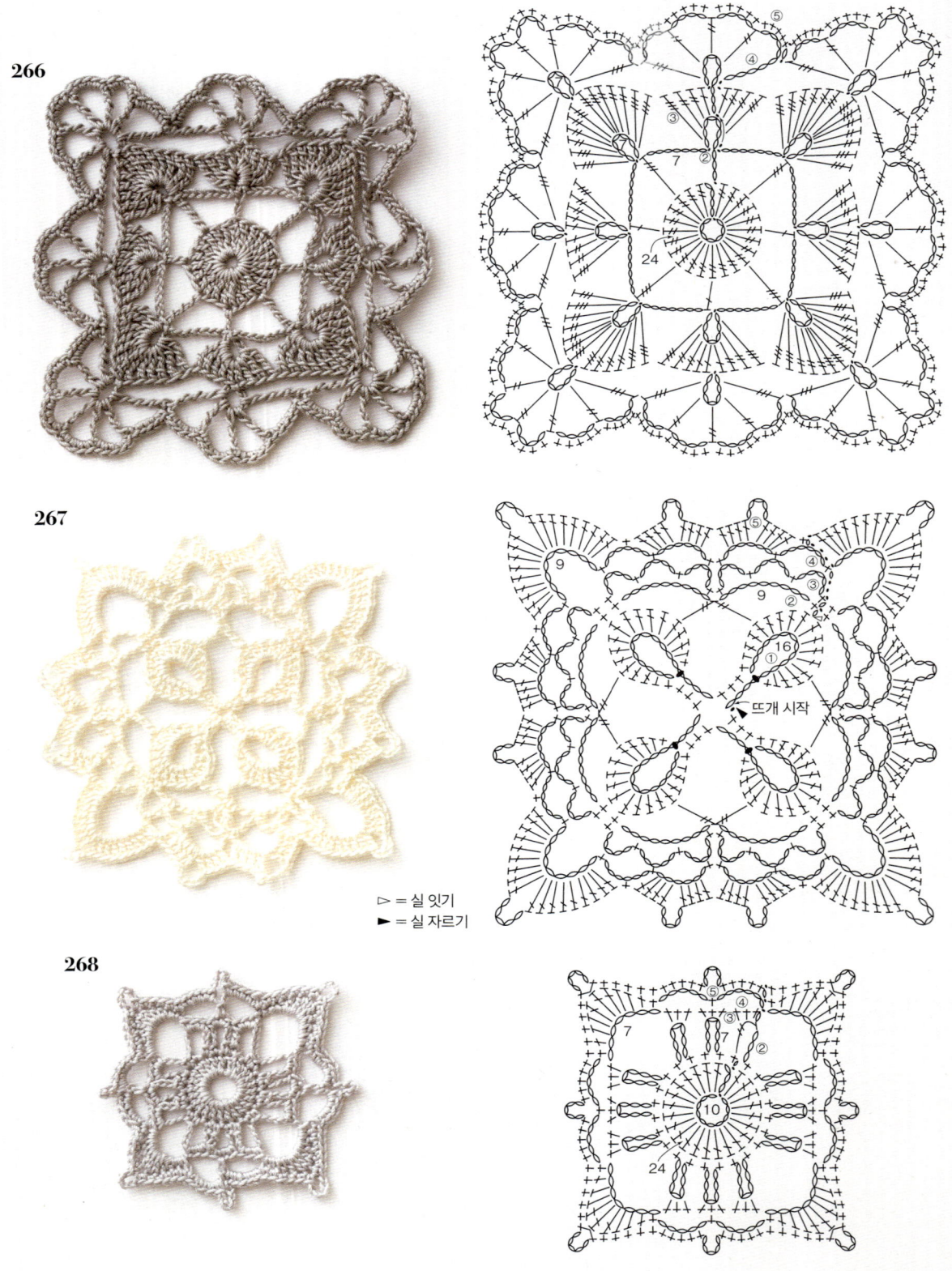

○ = 실 잇기
► = 실 자르기

267

268

266 / 보는 것처럼 뜨는 보람이 있는 모티브입니다.   267 / 마치 문장 같은 느낌의 무늬. 1단을 다 떴으면 실을 자르고 2단에서 새로 실을 이어서
뜹니다.   268 / 2단까지는 원, 3단부터는 사각이 됩니다.

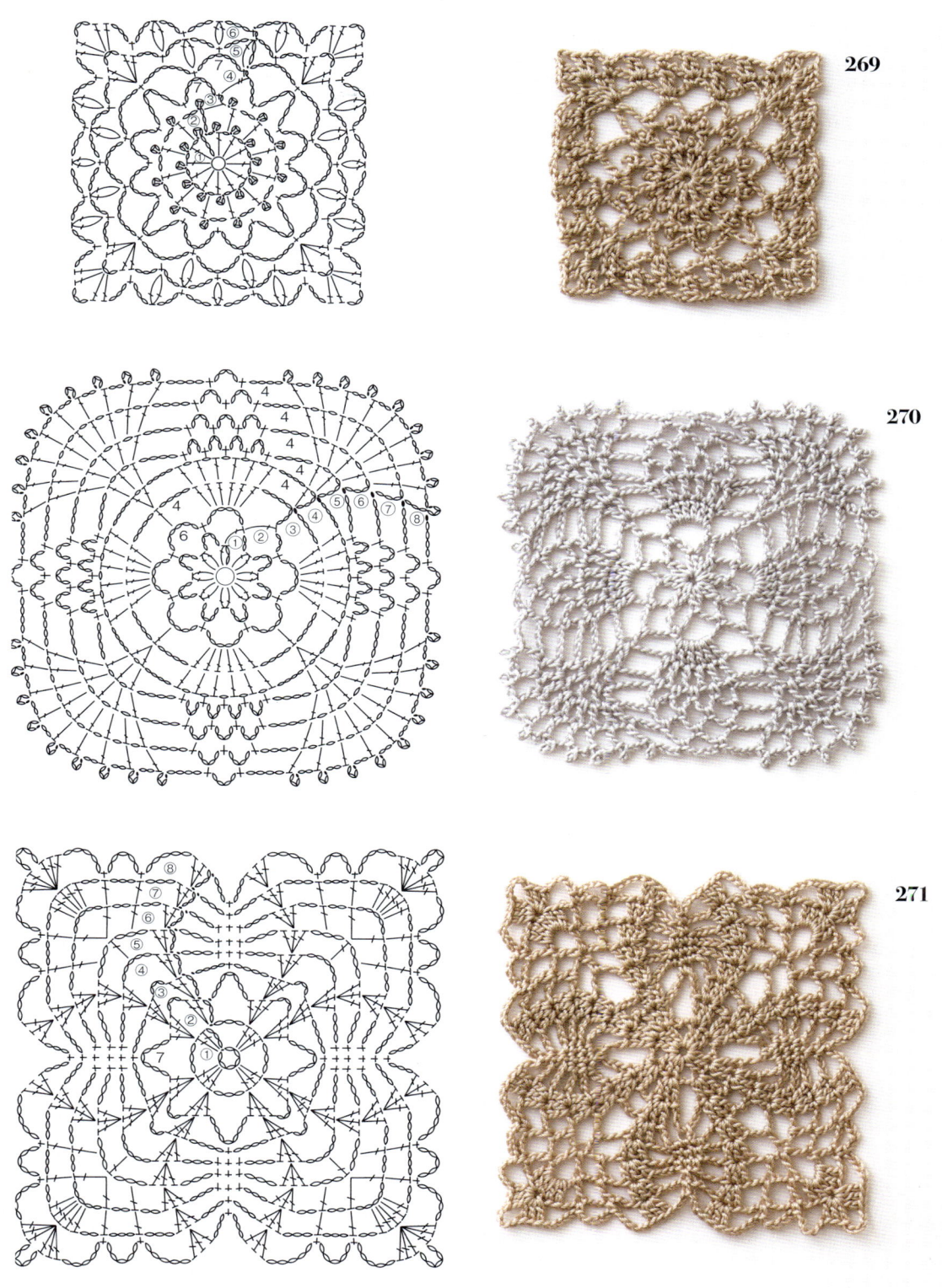

269

270

271

269 / 피코와 구슬뜨기가 흩어져 있는 고상한 느낌의 모티브. **270·271** / 파인애플 무늬가 멋진 악센트가 되었어요. 이게 바로 레이스 무늬의 묘미!

272

273

274

※ ⑤단의 한길 긴뜨기는
앞단의 코와 코 사이
아래에서 줍는다.

272 / 모티브를 이어가면 동양적인 느낌이 드는 무늬가 됩니다.　273 / 이렇게 많은 세길 긴뜨기를 떠본 적이 있나요?　274 / 마지막 단의 피코가
꽃잎 같아서 귀여워요.

275

276

277

275 / 꽃잎의 곡선을 의식하고 뜨개코 높이에 주의를 기울여서 뜹니다.   276·277 / 레이스 모티브도 짧은뜨기로 가장자리를 정리해주면 잘 고정됩니다.

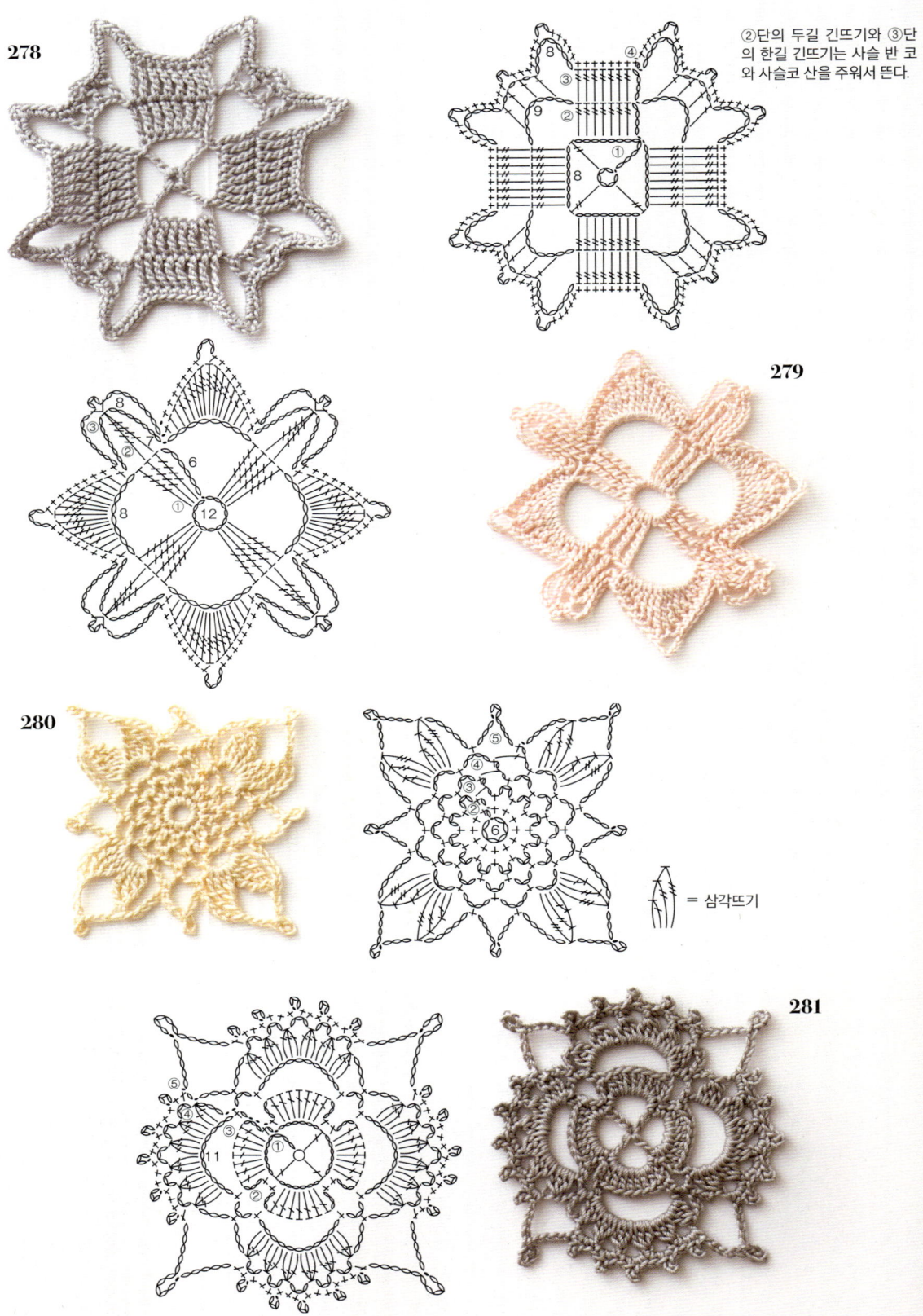

278

②단의 두길 긴뜨기와 ③단
의 한길 긴뜨기는 사슬 반 코
와 사슬코 산을 주워서 뜬다.

279

280

⌇⌇⌇⌇ = 삼각뜨기

281

278 / 앞단의 사슬코에서 뜨는 단은 반 코와 사슬코 산을 주워서 뜨면 단단하게 마무리할 수 있습니다.   279 / 높이가 있는 뜨개코로 디자인한 화려한 모티브.   280 / 네 구석의 무늬 뜨는 법이 재미있답니다.   281 / 기본 뜨개코만으로 구성한 모티브라서 보기보다 쉽게 뜰 수 있습니다.

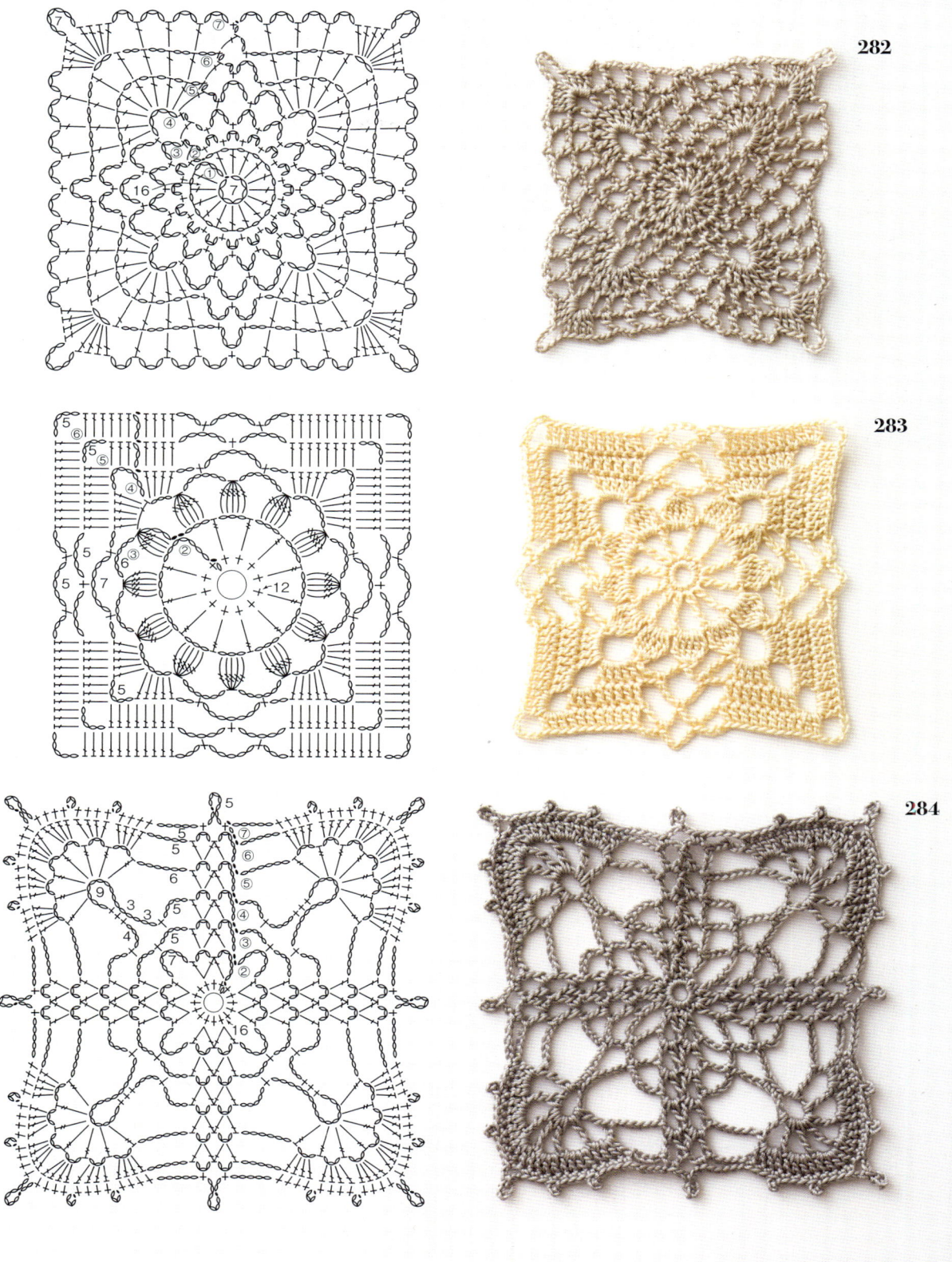

282

283

284

282 / 나비 날개 같은 우아한 느낌의 모티브! **283** / 뜨개 무늬에 리듬이 있어서 뜨기 쉬워요. **284** / 섬세한 레이스 모티브. 숄이나 볼레로를 뜨기에 어울립니다.

285

286

285 / 한길 긴뜨기와 그물뜨기의 대비
가 절묘합니다.　286 / 짧은뜨기와 사
슬뜨기의 균형을 잡기가 조금 어려워
요.　287 / 고대의 무늬가 연상되는 모티
브. 낭만을 느낄 수 있어요.

287

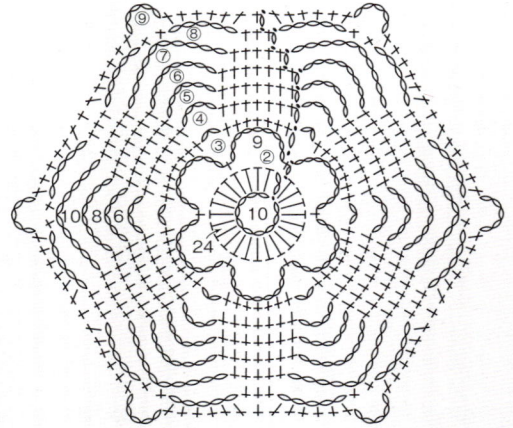

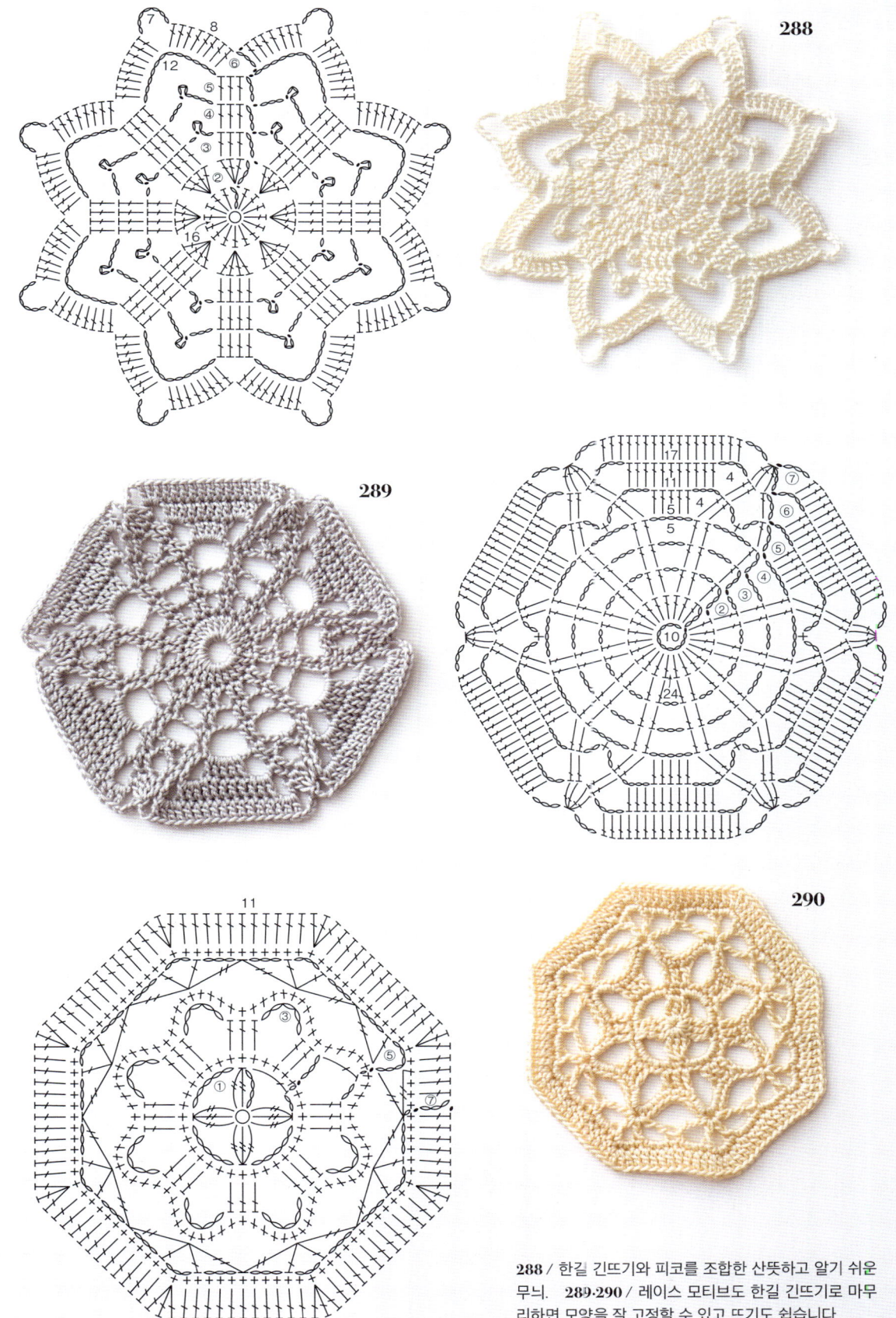

288

289

290

288 / 한길 긴뜨기와 피코를 조합한 산뜻하고 알기 쉬운
무늬. 289·290 / 레이스 모티브도 한길 긴뜨기로 마무
리하면 모양을 잘 고정할 수 있고 뜨기도 쉽습니다.

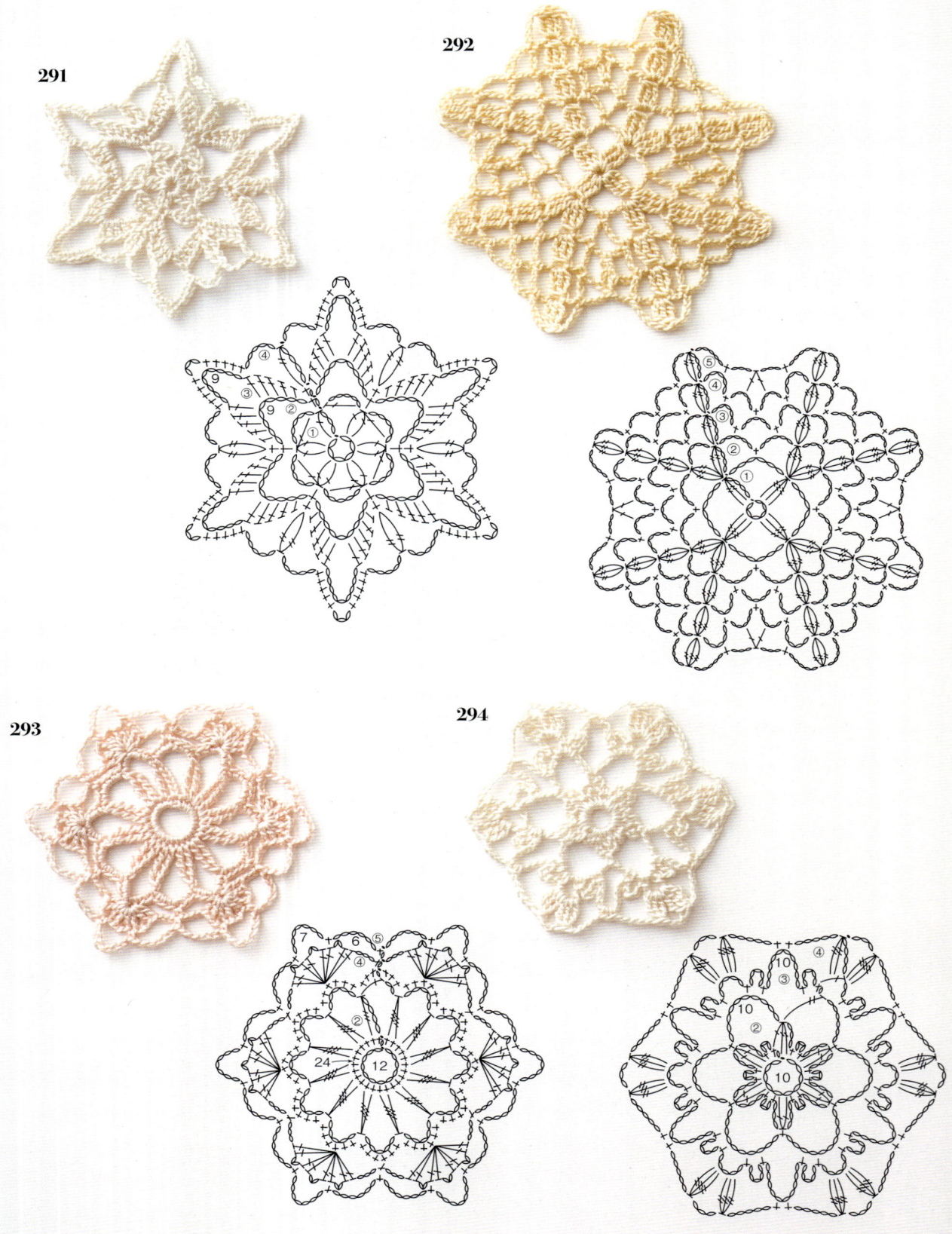

291 / 중앙의 꽃무늬가 풍차 같아요. 숄을 뜨면 잘 어울리는 모티브입니다. **292** / 그물뜨기의 공간과 선 무늬가 모티브를 이었을 때 재미있는 효과를 만듭니다. **293** / 중심의 세길 긴뜨기는 늘 같은 힘을 주어서 높이가 고르도록 뜹니다. **294** / 경쾌한 느낌의 레이스 플라워 모티브.

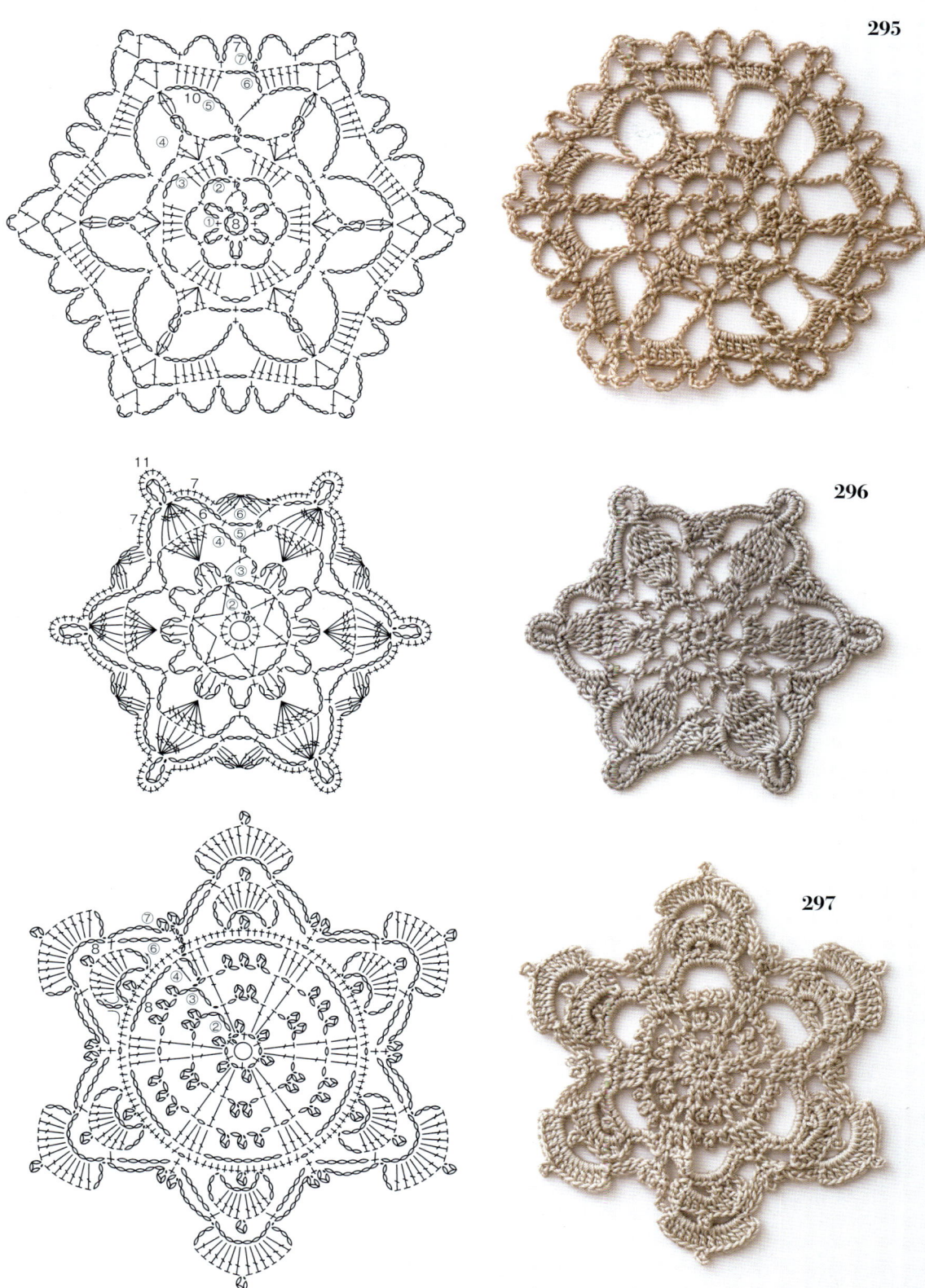

295

296

297

295 / 연속 뜨기로 도전해보고 싶은 모티브.   296 / 아라베스크 무늬가 연상되는 디자인으로 이 한 장만으로도 존재감 있습니다.   297 / 뜨는 방향이 반대가 되기도 해서 한눈을 팔 수 없는 모티브랍니다.

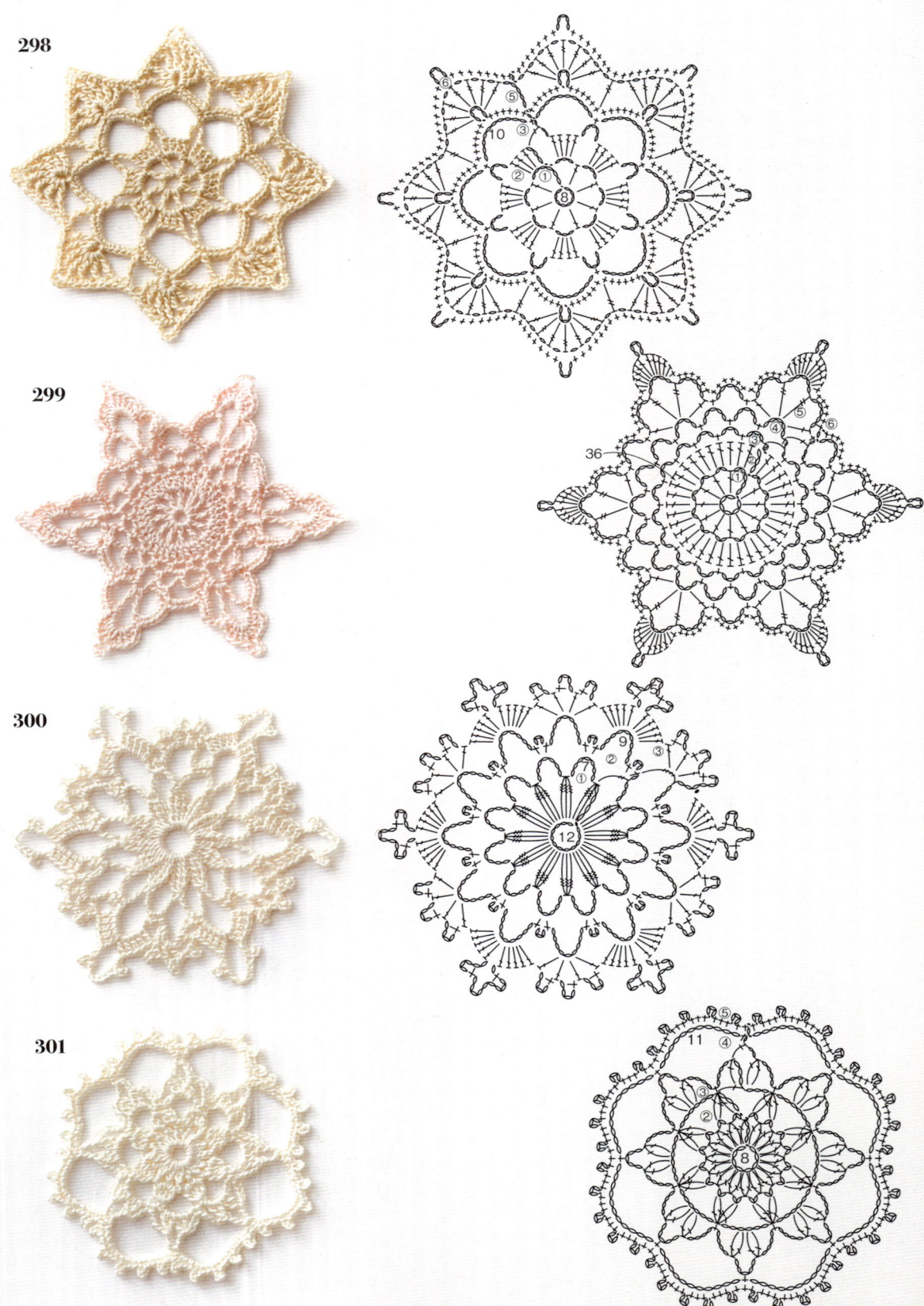

298

299

300

301

298 / 모서리를 뾰족하게 마무리하는 것이 아름다운 모양을 좌우합니다.　　299 / 모헤어사 등을 사용해 숄을 떠도 잘 어울려요.　　300 / 눈 결정 같은 모티브!　　301 / 가장자리를 연속해서 장식하는 피코가 귀엽지요.

302

303

304

▷ =실 잇기
► =실 자르기

302·303 / 그물뜨기 바탕의 모티브는 균형 잡힌 모양을 유지하는 것이 어려워요. 사슬 크기를 고르게 뜰 수 있도록 주의. **304 /** 3단의 무늬는 빼
뜨기의 피코뜨기(사슬뜨기에서) 응용입니다.

305

306

307

305 / 분산으로 무늬가 점점 넓어지는 것이 재미있어요.　306 / 4단의 구슬뜨기는 사슬을 갈라서 줍니다.　307 / 마지막 단의 사슬뜨기 무늬는
완성 형태를 상상하며 떠서 마무리합니다.

308

309

310

308 / 사슬뜨기 무늬는 찌그러지기 쉬워서 모양을 가지런하게 뜨는 것이 어렵습니다.　**309** / 행복해지는 네 잎 클로버 같은 무늬.　**310** / 마지막
단의 세길 긴 구슬뜨기가 만만치 않아요.

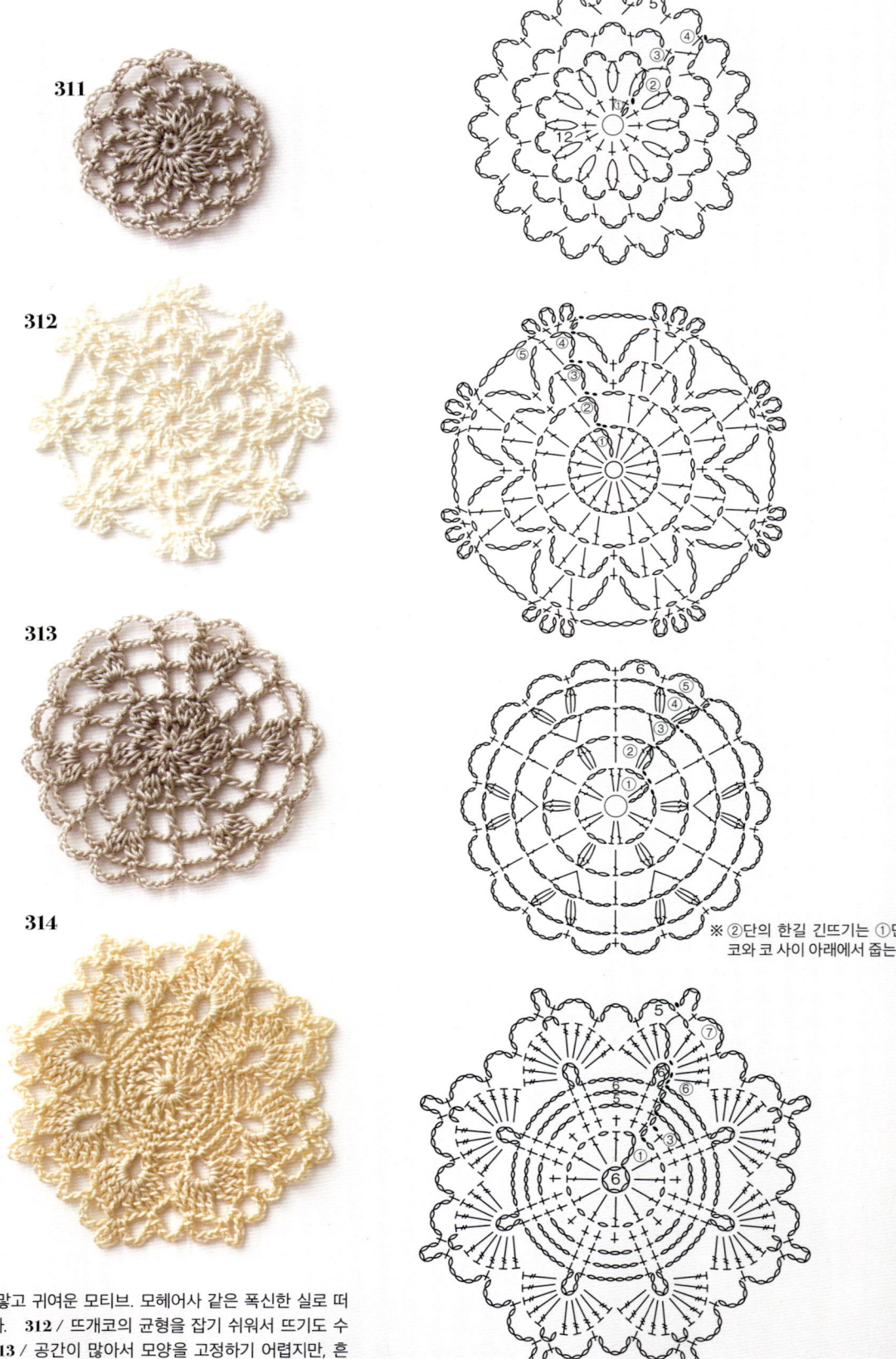

311

312

313

314

※ ②단의 한길 긴뜨기는 ①단의
코와 코 사이 아래에서 줍는다.

311 / 조그맣고 귀여운 모티브. 모헤어사 같은 폭신한 실로 떠
도 좋습니다.　**312** / 뜨개코의 균형을 잡기 쉬워서 뜨기도 수
월해요.　**313** / 공간이 많아서 모양을 고정하기 어렵지만, 흔
하지 않은 모눈 바탕의 원 모티브입니다.　**314** / 가운데의 줄
기뜨기 무늬 사슬은 빡빡하게 뜨는 것이 요령.

315

316

317

318

315 / 네길 긴뜨기 다리가 느슨해지지 않고 높이도 고르도록 뜹니다.　316 / 가장자리의 그물이 귀여운 프릴 같은 무늬입니다.　317 / 크래프트
끈을 사용해 매트를 떠도 좋은 모티브입니다.　318 / 사슬뜨기의 공간이 일정해지도록 신경 써서 뜨세요.

319

320

321

322

319 / 가장자리의 피코 무늬가 눈 결정이나 불꽃 같아요.　320 / 가운데 들어간 정사각형을 제대로 떠야 모티브가 깔끔합니다.　321 / 데구루루 구를 듯한 둥근 모양이 귀엽지요.　322 / 예쁜 꽃 모양의 뜨기 쉬운 모티브입니다.

323

324

325

326

323 / 피코로 가장자리를 둘러서 화려해요. 컬러풀한 배색으로도 떠보세요.   324 / 두길 긴 구슬뜨기가 많아서 뜨기는 힘들지만 그만큼 완성했을
때의 성취감이 각별하답니다.   325 / 네길 긴뜨기는 뜨개코 높이를 의식하며 뜹니다.   326 / 꽃잎 끝에 나란히 이어지는 피코 3개가 귀여워요.

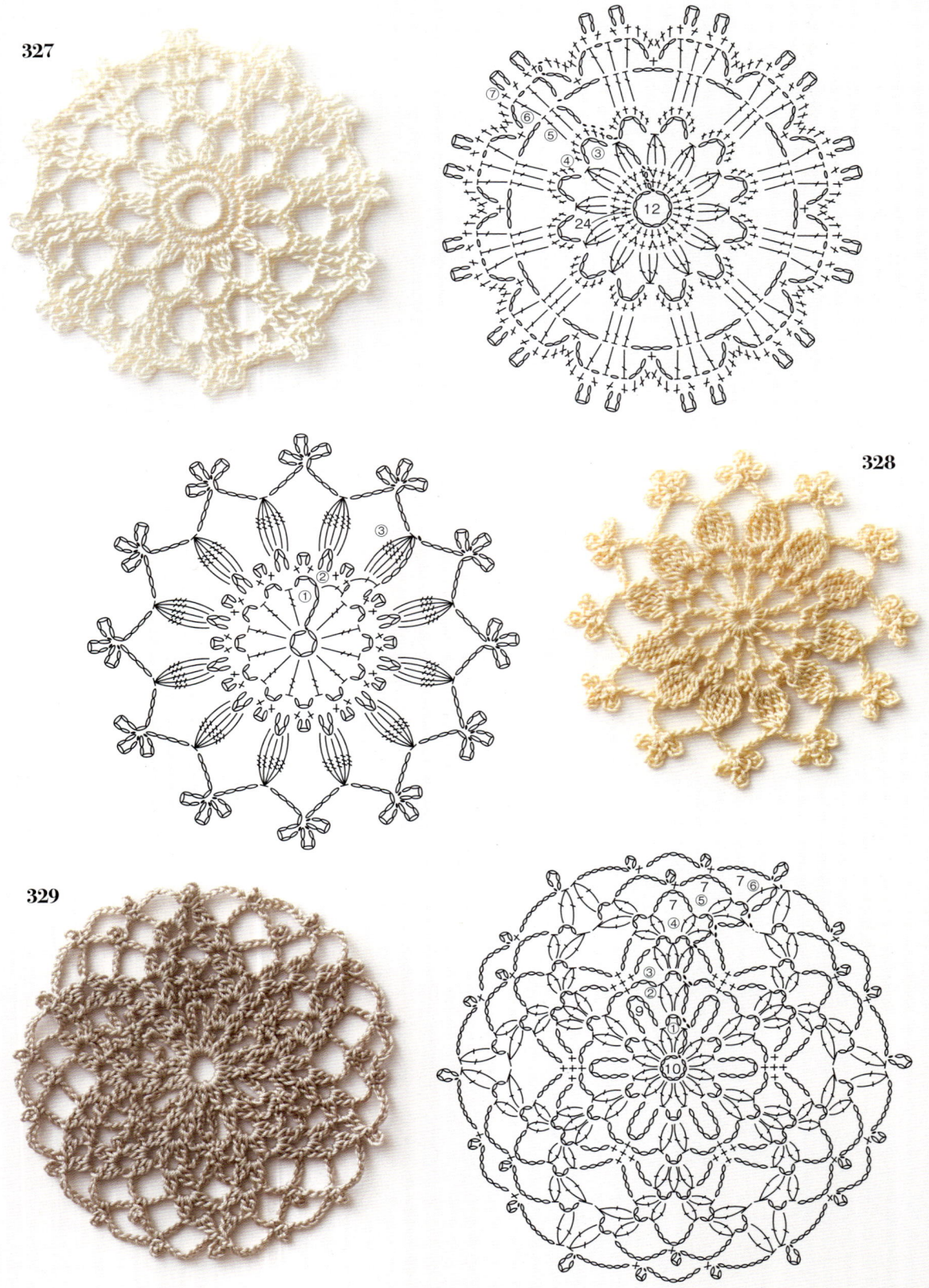

327

328

329

327 / 짧은뜨기를 채우듯이 떠서 빈틈없는 느낌의 모티브로 만들었습니다.   328 / 가장자리의 피코가 클로버 같아서 귀여워요.   329 / 피코를 가
득 넣어 호화로운 모티브를 떴습니다. 이대로 컵받침으로 써도 잘 어울립니다.

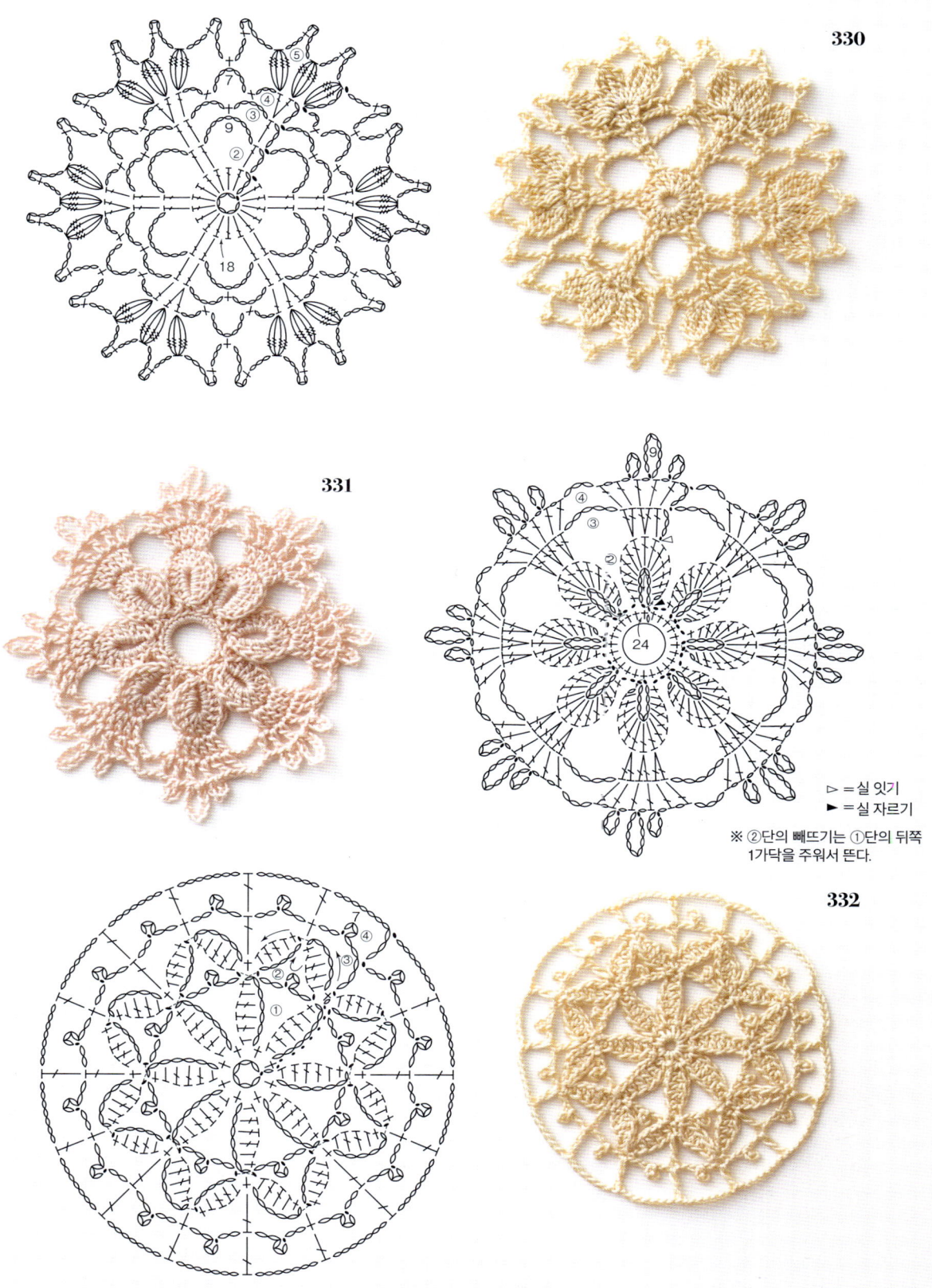

330

331

▷ =실 잇기
► =실 자르기

※ ②단의 빼뜨기는 ①단의 뒤쪽
1가닥을 주워서 뜬다.

332

330 / 세길 긴 구슬뜨기는 머리를 조여서 뜨는 것이 포인트.   331 / 사슬에 뜨는 꽃잎 무늬는 뜨개코 다리가 느슨해지기 쉬우니 주의.   332 / 이파
리 무늬가 복잡하고 가장자리의 사슬도 비뚤어지기 쉬워서 테크닉이 필요한 상급자용 모티브입니다.

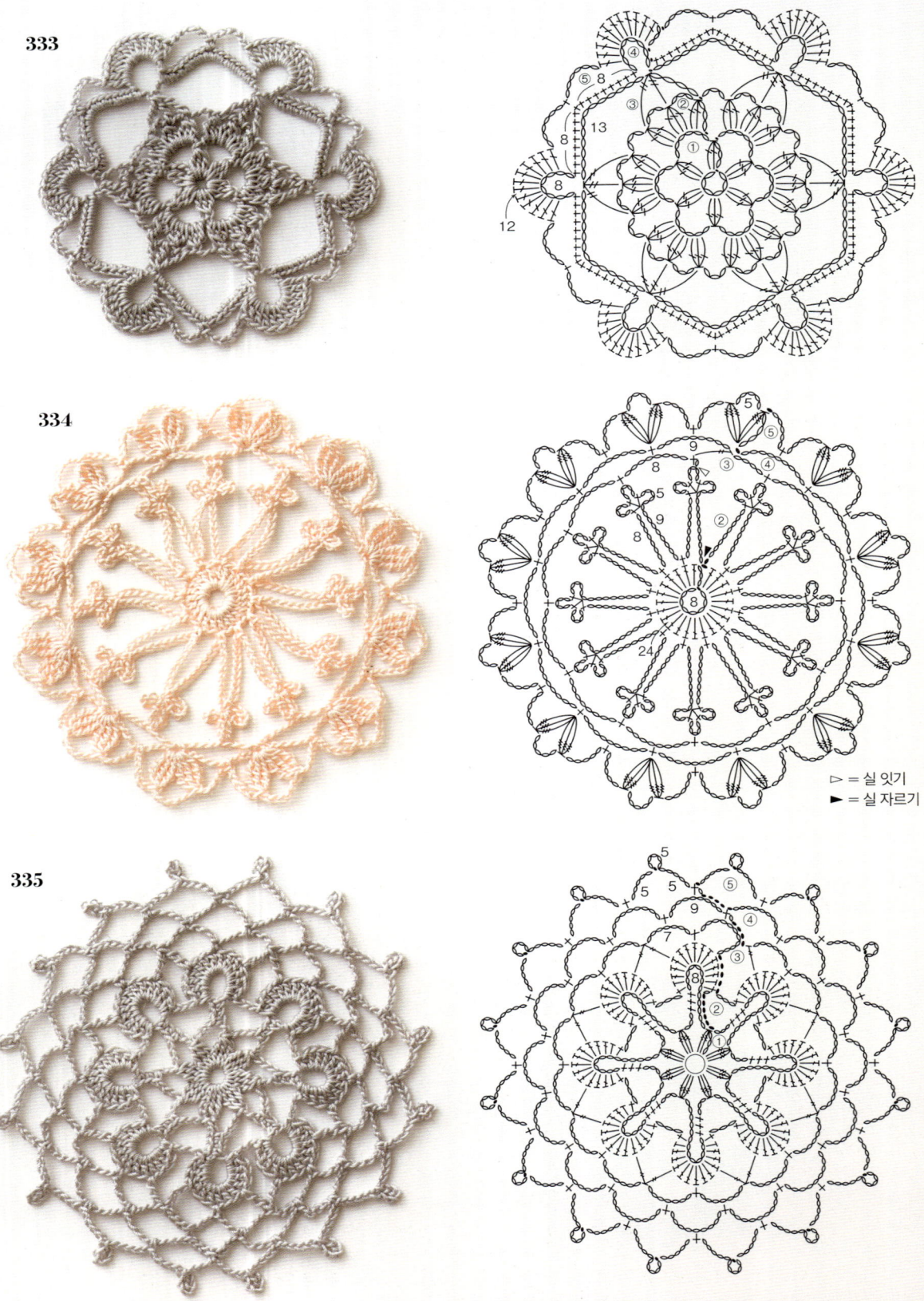

333 / 앤티크 타일 무늬 같은 세련된 무늬의 모티브. **334** / 사슬뜨기 길이를 똑같이 뜨도록 주의합니다. **335** / 그물뜨기는 짧은뜨기 다리가 느슨해지지 않도록 하는 것이 예쁘게 뜨는 비결입니다.

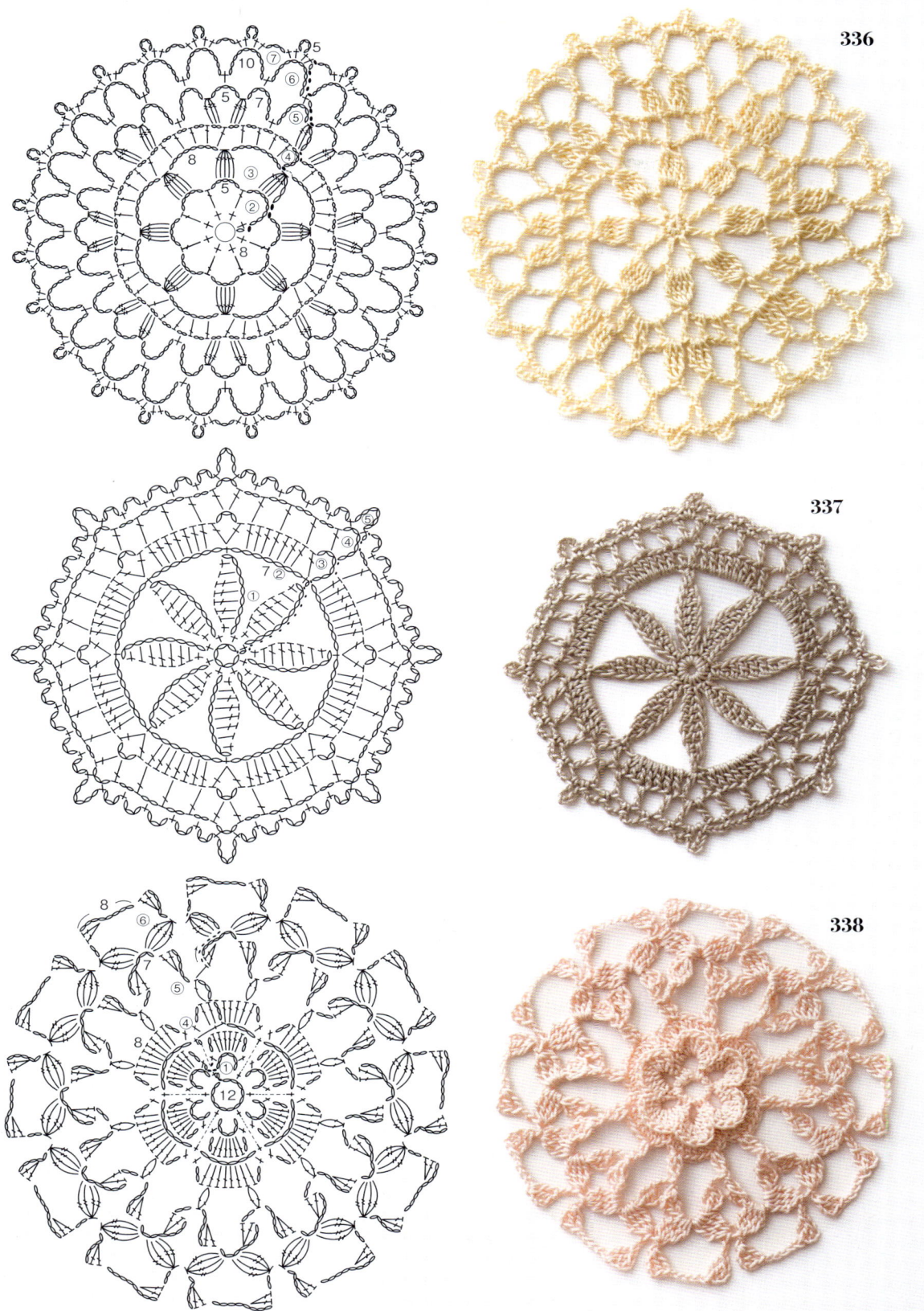

336

337

338

336 / 어딘지 클래식한 분위기의 모티브입니다. 337 / 중심에 꽃을 끼워 넣은 장난스러운 디자인. 338 / 어떻게 뜨는 걸까요? 뜨는 방향이 다양
해서 계속 떠도 질리지 않아요.

339

340

339 / 섬세하고 큰 모티브는 이대로 도일리로 사용해도 좋아요.　**340** / 구슬뜨기로 뜬 꽃잎과 그물뜨기가 만드는 공간의 대비가 절묘합니다.

106

341

342

‡ = 앞단, 2단 아랫단의
사슬 아래에서 주워
서 짧은뜨기.

343

341·343 / 구슬뜨기 크기를 고르게 뜨고, 뜨개코 머리가 느슨해지지 않도록 주의합니다.　342 / 가장자리의 피코가 화려해요! 이어서 스톨을 만
들기 좋은 모티브입니다.

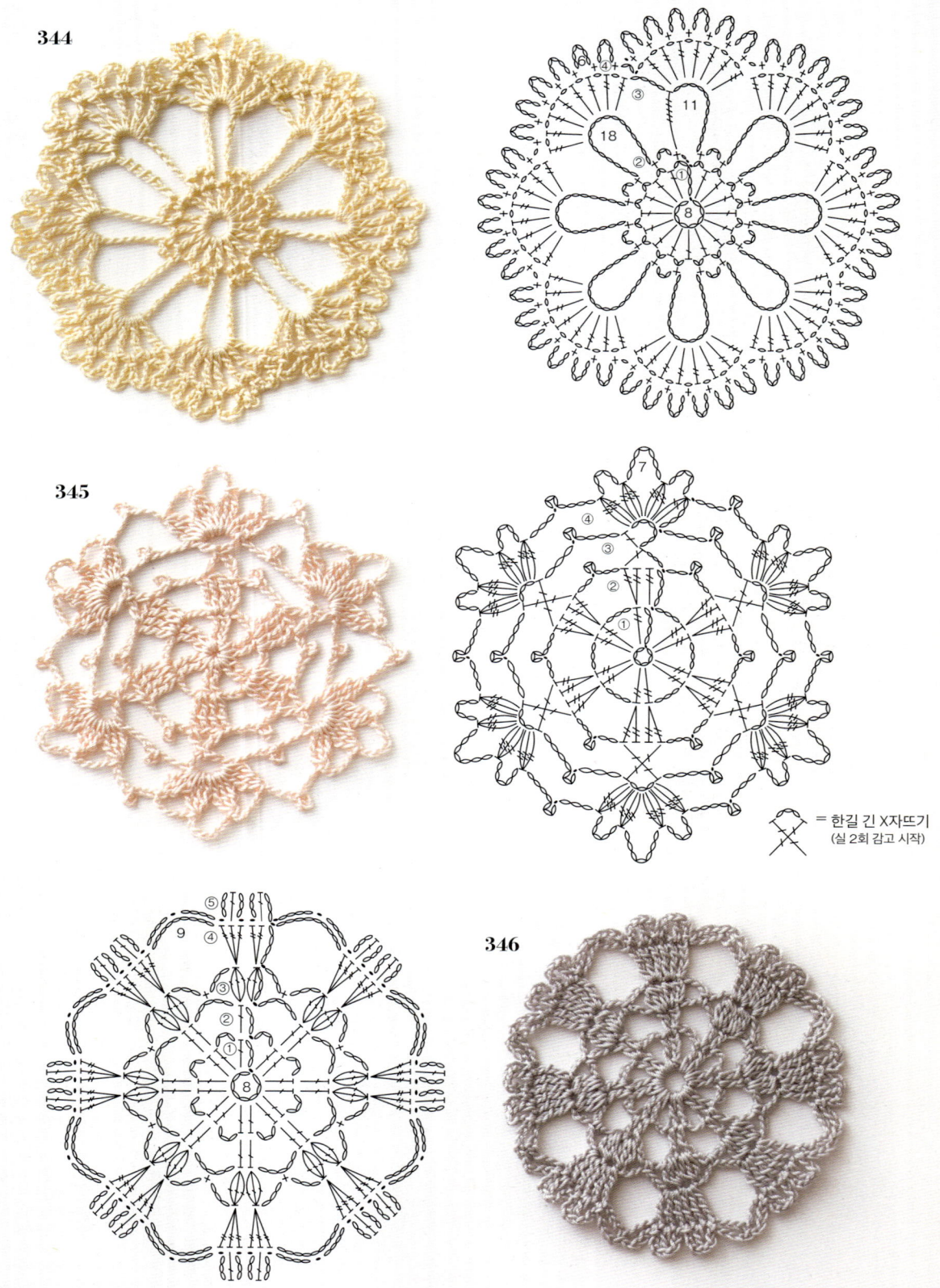

344

345

⑥ +④+

③

11

18

②

①

8

⑦

④

③

②

①

⎯ = 한길 긴 X자뜨기
(실 2회 감고 시작)

⑤

9 ④

③

②

①

8

346

344 / 프릴 같은 피코가 매력적이에요. 사슬뜨기 길이가 고르게 되도록 뜹니다.   **345** / 이어서 볼레로를 떠도 잘 어울립니다.   **346** / 이었을 때 재
미있는 효과를 내는 모티브입니다.

347

348

349

347 / 구슬뜨기 머리를 꽉 조여서 뜹니다.　**348** / 연한
색으로 뜨면 청초한 느낌이, 진한 색으로 뜨면 서늘한
느낌이 들지요.　**349** / 직선과 곡선으로 이루어진 현
대적인 느낌의 모티브.

350

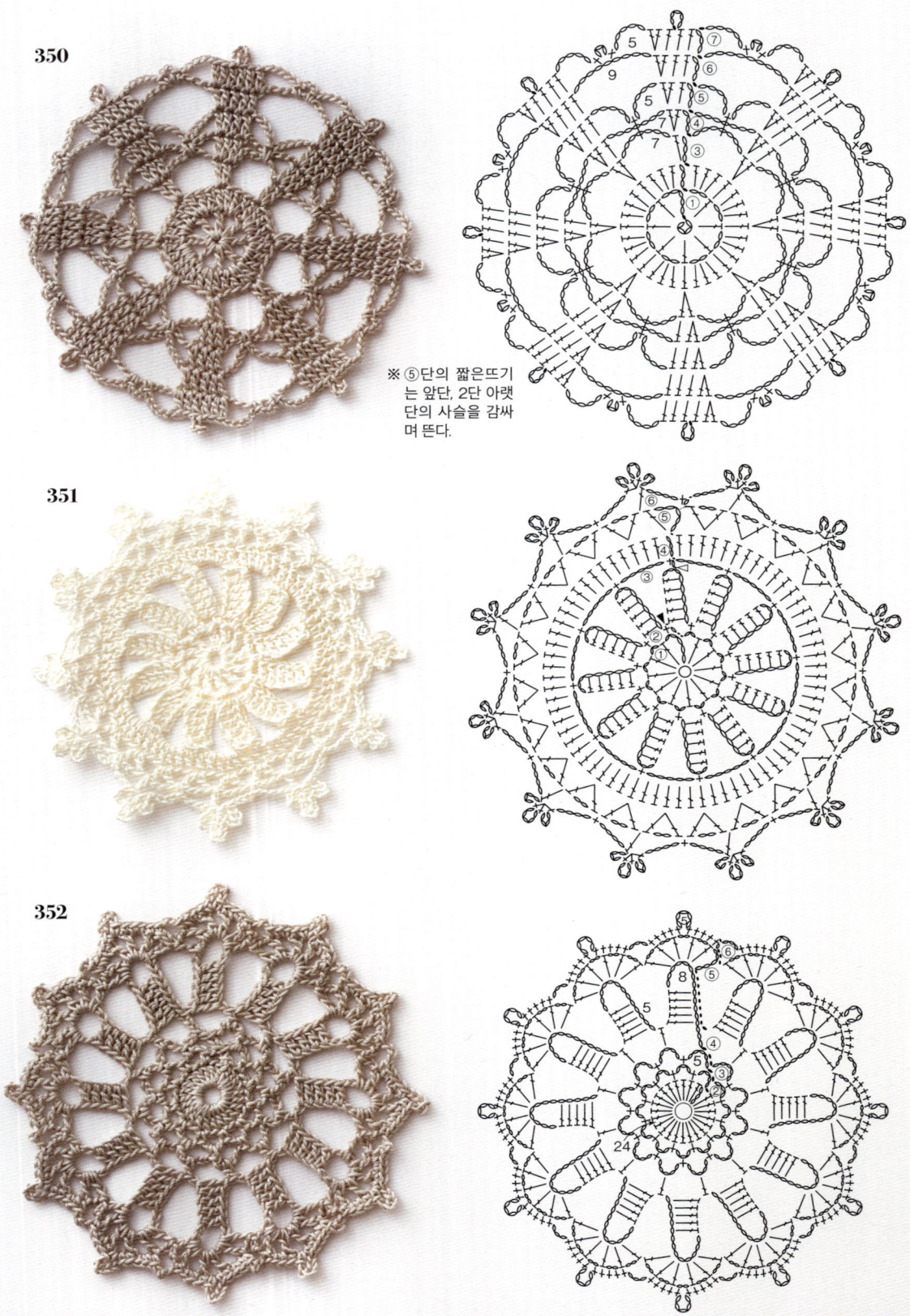

※ ⑤단의 짧은뜨기
는 앞단, 2단 아랫
단의 사슬을 감싸
며 뜬다.

351

352

350·351·352 / 임팩트 있는 개성적인 모티브를 모았습니다! 한 장으로 디자인이 완성되는 모티브라서 오너먼트로도 좋습니다.

353

354

355

353 / 한길 긴뜨기와 그물뜨기의 소박한 플라워 모티브. 쉽게 뜰 수 있어서 초보자에게도 추천합니다. 354 / 중심의 변형 Y자뜨기 무늬가 레이스 같은 느낌을 주는 뾰족뾰족한 원형 모티브. 좌우로 기울어지는 부채꼴 무늬가 독특합니다. 355 / 353번 모티브를 화려하게 변형한 듯한 디자인.

356

357

358

356 / 중후한 느낌의 모티브입니다.　357 / 구슬뜨기 크기가 고르게 되도록 뜹니다.　358 / 거북이처럼 보이는 귀여운 모티브!

359

360

361

= 삼각뜨기

359 / 삼각뜨기가 재미있는 모티브. 고르게 뜰 수 있으려면 연습이 필요해요.　360 / 한길 긴뜨기가 많아 뜨는 맛이 있으면서 안정적으로 깔끔하게
마무리할 수 있습니다.　361 / 짧은뜨기와 사슬뜨기로 그리는 나선무늬가 아름답지요.

362

363

364

362 / 우아하고 화려해 독특한 존재감을 띠는 달리아 같은 모티브. 363 / 두길 긴뜨기 선이 잎맥처럼 펼쳐지는 날카로운 무늬 모티브.
364 / 그러데이션 컬러나 배색을 넣어서 떠봐도 재미있습니다.

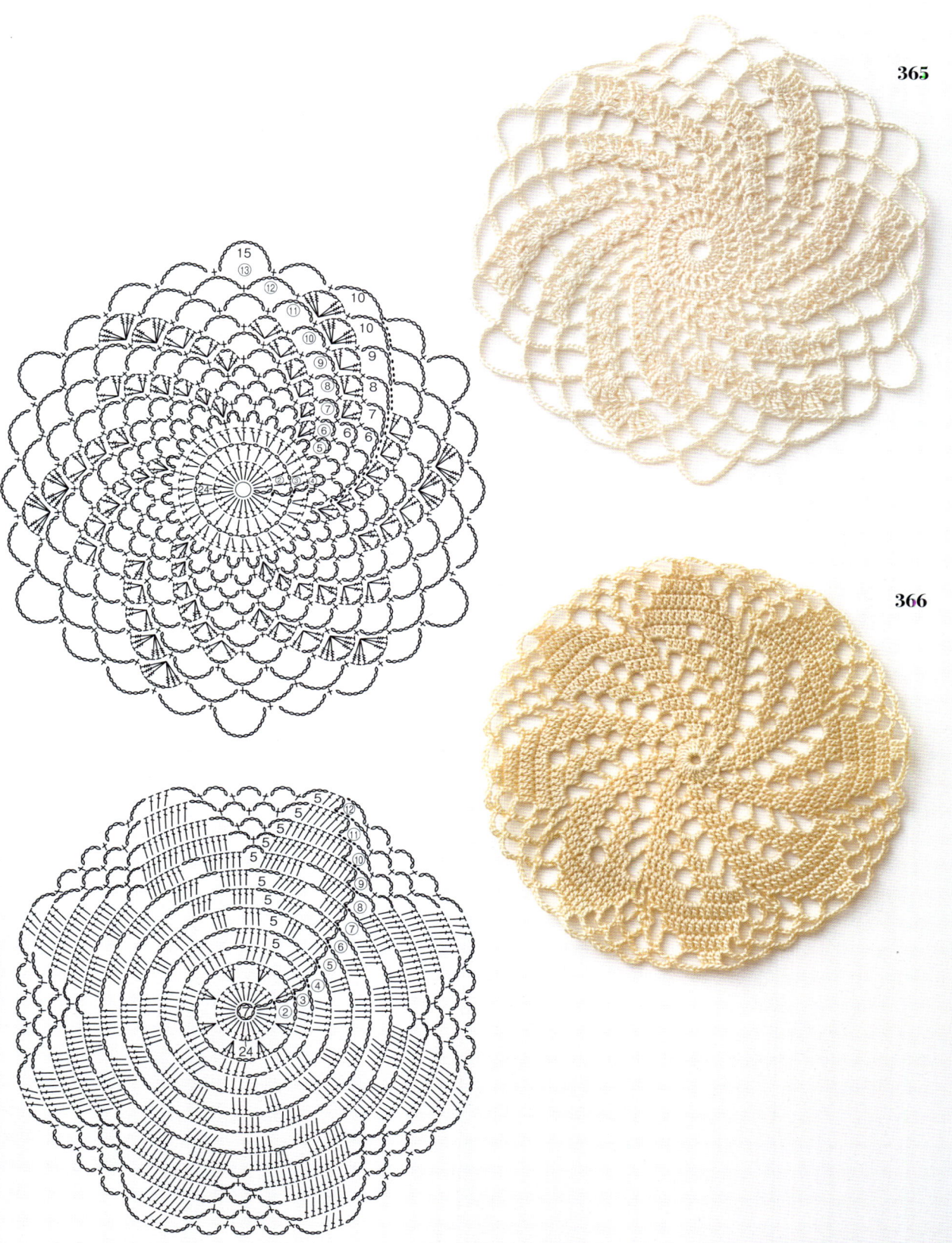

365

366

365 / 시원한 바람을 보내줄 것 같은 레이스 스파이럴 패턴. 366 / 무늬의 리듬이 불규칙하니 뜨개 도안을 꼼꼼히 보면서 뜹니다. 끝까지 마음을 놓을 수 없는 모티브예요.

모티브 잇는 법

모티브 잇기는 모티브를 다 뜨고 '나중에 잇는 방법'과 모티브 마지막 단에서 '뜨면서 잇는 방법'이 있습니다. 모티브의 형태나 뜨개 무늬를 잘 확인해 가장 적절하게 잇는 법을 선택합니다.

나중에 잇는 방법

완성 모티브를 필요한 수만큼 떠놓고 나중에 한꺼번에 잇는 방법입니다. 삼각·사각·육각·팔각 등 변이 확실하게 있는 모티브에 사용할 수 있습니다. 마지막 단이 그물뜨기거나 원형 또는 꽃 모양 등의 모티브에는 적합하지 않습니다. 모티브를 먼저 다 떠두므로 컬러풀한 모티브를 이을 때 등 배치를 확인하며 진행할 수 있습니다. 또 모티브와 잇는 실의 색을 바꿔서 이은 선을 악센트로 이용해도 좋습니다.

■ 감침질로 잇기

돗바늘을 사용해 모티브를 잇는 가장 간단하고 쉬운 방법입니다. 맞붙인 뜨개코끼리 1코씩 바늘을 넣어서 감치면 됩니다.

반 코 감침질로 잇기

모티브를 이은 실이 지나치지 않을 정도로 보이고, 이은 코도 얇게 마무리할 수 있습니다.

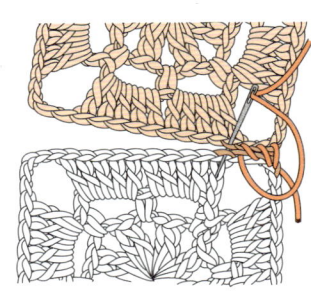

뜨개코의 바깥쪽 1가닥(반 코)씩에 같은 방향으로 바늘을 넣습니다.

온코 감침질로 잇기

반 코와 같은 요령으로 코 전체를 감쳐서 잇습니다. 이은 코가 튼튼합니다.

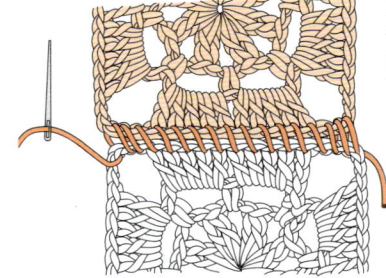

뜨개코의 머리(또는 사슬코) 2가닥에 같은 방향으로 바늘을 넣습니다.

■ 빼뜨기로 잇기

간단하고 빠르게 완성할 수 있습니다. 모티브를 겉끼리 맞대고 반 코에 빼뜨기하면, 이은 코는 겉에서 조금 보이는 정도라서 잘 눈에 띄지 않습니다.

(겉)

(안)

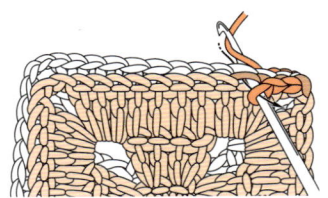

뜨개코의 바깥쪽 1가닥(반 코)씩에 바늘을 넣어서 실을 빼냅니다. 이은 자리가 울지 않도록 느슨하게 빼뜨기합니다.

뜨면서 잇는 방법

모티브를 한 점에서 이을 수 있어서 섬세한 그물 무늬 모티브나 원형, 꽃 모양 등은 물론이고 변이 확실하게 있는 모티브까지 어떤 모티브라도 이을 수 있습니다. 모티브를 다 뜨면 잇기도 완성! 단, 실수하면 나중에 풀기가 까다로우니 사전에 계획을 잘 세워서 뜹니다. 이을 모티브를 모두 마지막 단만 남기고 뜬 뒤에 한꺼번에 이을 수도 있습니다. 되도록 모티브의 뜨개 끝 그물이나 변에서 잇도록 합니다.

빼뜨기로 잇기

모티브의 그물뜨기 사슬코를 빼뜨기로 바꿔서 잇습니다. 그물이 겹치듯이 이어집니다.

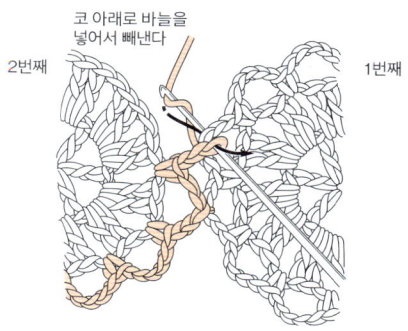

1번째 모티브의 빈 공간에 바늘을 겉에서 넣어 실을 걸고 빼냅니다.

짧은뜨기로 잇기

모티브의 그물뜨기 사슬코를 짧은뜨기로 바꿔서 잇습니다. 모티브끼리 자연스러운 느낌으로 이어집니다.

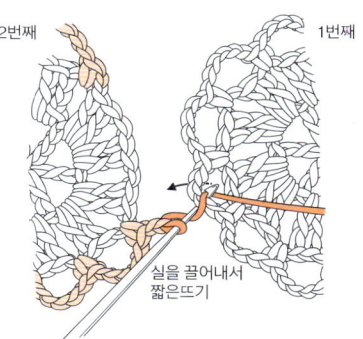

1번째 모티브의 빈 공간에 바늘을 안에서 넣어 실을 끌어내 짧은뜨기합니다.

한길 긴뜨기(뜨개코 머리)로 잇기

마지막 단의 뜨개코 머리끼리 잇습니다. 이을 뜨개코를 뜨기 전에 상대 모티브에 코를 통과시킨 뒤에 뜹니다.

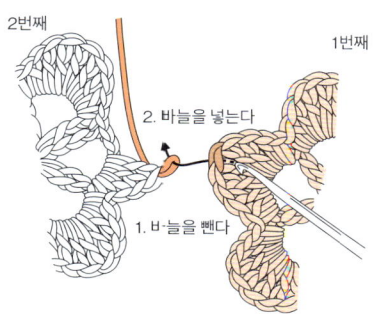

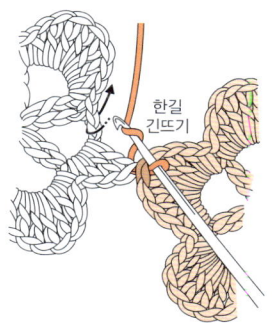

1 2번째 모티브에서 일단 바늘을 빼고, 1번째 모티브의 한길 긴뜨기 머리에서 뜨거코를 끌어냅니다.

2 2번째 모티브의 다음 과정(한길 긴뜨기)을 뜹니다.

모티브 잇는 법의 변형

모티브 한 장을 뜰 수 있어서 만족스러운 건 처음뿐이지요! 재미있게도 같은 모티브를 이어도 배치에 따라 느낌이 다양하게 변해서 생각하지 못한 효과가 생겨나기도 합니다. 마음에 든 모티브를 취향대로 이어서 나만의 작품을 만들어 즐겨보세요.

사각형 모티브

똑바로 잇기

규칙적으로 변을 맞대고 잇습니다.

모티브 256번 → P.80

비스듬히 잇기

공간을 조그만 모티브로 채워주면 뜨개바탕을 잘 고정할 수 있습니다.

모티브 279번 → P.88

육각형, 원형, 꽃 모양 모티브 등

똑바로 잇기

공간을 작은 모티브로 채우면 뜨개바탕을
잘 고정할 수 있습니다.

모티브 348번 → P.109

서로 어긋나게 잇기

모티브의 튀어나온 부분과 들어간 부분을 맞붙이면
빈틈없이 이을 수 있습니다.

모티브 202번 → P.65

끄트머리끼리 잇기

꽃잎의 끄트머리나 모티브의 모서리끼리 이으면
공간이 생겨서 비치는 디자인이 됩니다.

모티브 121번 → P.42

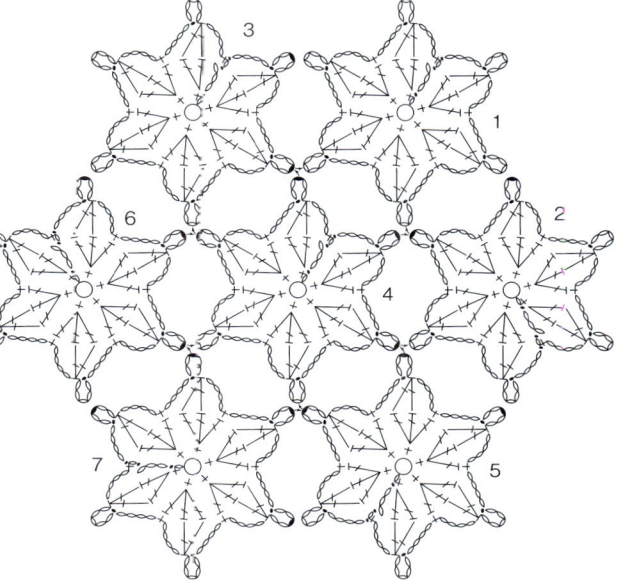

삼각형 모티브

위아래를 서로 어긋나게 잇기

삼각형의 산과 바닥을 교대로 배치
해 띠 모양으로 이을 수도 있습니다.
잇기 위해 모서리의 사슬 수를 바꿉
니다.

모티브 80번 → P.28

모서리와 변끼리 잇기

삼각형의 정점을 중심으로 변을 맞대고 이으면 육각형 면이 됩니
다. 가방 바닥이나 도일리 등에 적합합니다. 여기에서는 배색 모
티브로 바꿨습니다.

모티브 88번 → P.31

모서리끼리 똑바로 잇기

모서리 끄트머리끼리 맞댑니다. 공간이 클 때는 사이를
작은 모티브로 채워도 좋습니다.

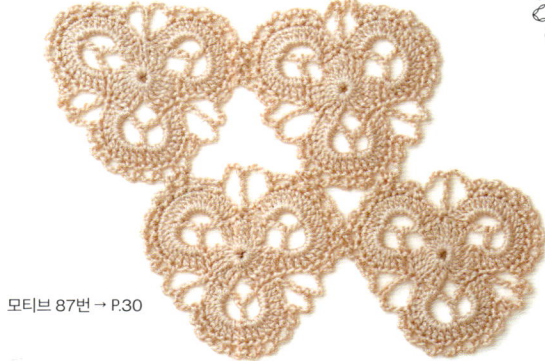

모티브 87번 → P.30

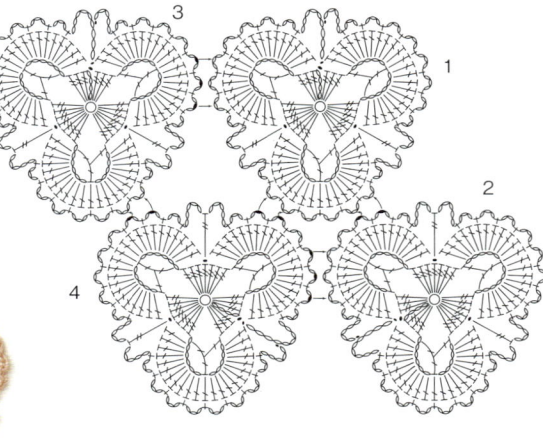

모티브를 이어 만든 옷과 소품

이 책에 실린 모티브를 작품으로 만들어서 소
개합니다. 마음에 드는 모티브를 발견하면 우
선 뭘 떠볼까, 어떤 실로 떠서 어떻게 배치할까
생각만 해도 가슴이 뛰어요.

납작 토트백

내추럴 컬러 백에 단 남색 손잡이가 산뜻한
청량감을 주는 디자인입니다. 기본적인 모티
브를 뜬 뒤 빼뜨기로 한꺼번에 잇습니다. 모
티브를 작거나 크게 뜨거나 직사각형으로
변형하는 등 취향에 맞춰서 바꿔보세요.

실 … 퍼피 리피
모티브 … 6번(→ P.8)
뜨는 법 … P.131

사다리꼴 숄

베이지와 오프화이트의 부드러운 색상이 고상한 느낌을 주는 대형 숄. 모티브 마지막 단의 조개 무늬를 변형해 가장자리를 마무리했습니다. 아직 쌀쌀한 봄부터 에어컨 바람이 찬 여름까지 유용하게 쓸 수 있는 편리한 아이템입니다.

실 ⋯ 다이아 마스터시드 코튼 '크로셰'
모티브 ⋯ 95번(→ P.33)
뜨는 법 ⋯ P.132

칼라

조그만 꽃이 63개 아로새겨진 사랑스러운 느낌의 덧칼
라. 모티브를 이은 목둘레 쪽의 공간에 작은 꽃 모티브
를 추가해 느슨한 칼라를 만듭니다. 칼라 끝에는 작은
뜨개구슬을 달아서 앞을 여밉니다. 뜨개 끈을 달아서
리본으로 묶어도 예뻐요.

실 ·– 올림푸스 에미그란데
모티브 ··· 215번(→ P.68)
뜨는 법 ··· P.134

컬러풀 머플러

봉긋한 뜨개코가 귀여운 모티브는 검정 바탕 사이사
이의 경쾌한 팝 컬러가 산뜻한 느낌을 줍니다! 긴 구
슬뜨기는 겉과 안이 똑같아서 머플러에 적당합니다.
평소의 옷차림에 악센트를 주는 느낌으로 머플러를
둘러보세요.

실 … 스키 태즈메이니안 폴워스
모티브 … 217번(→ P.69)
뜨는 법 … P.135

스트링 파우치

육각형 모티브의 변을 맞대서 원형으로 넓어지도록 잇고, 가방 입구에는 가장자리뜨기를 해 마무리했습니다. 흰색×검정 모노 톤이 레트로 모던 분위기를 내는 둥근 스트링 파우치입니다. 내추럴 계통이나 동양적인 느낌 등 다양한 배색으로 떠보고 싶어지는 모티브입니다.

실 … 하마나카 워시 코튼 '크로셰'
모티브 … 70번(→ P.26)
뜨는 법 … P.136

볼레로

몸판도 소매도 모티브를 똑바로 잇기만 하면 되는 쇼트 볼레로. 가장자리뜨기가 없는 디자인이라서 모티브를 다 뜨면 그대로 옷도 완성입니다. 만드는 법이 간단하니 몸판이나 밑단, 소매 길이를 자기 사이즈에 맞게 변형하거나 다른 모티브로도 도전해보기 좋답니다.

실 … 올림푸스 에미그란데
모티브 … 259번(→ P.81)
뜨는 법 … P.140

풀오버

선명한 분홍색이 입는 사람의 표정을 밝게 보이게 하는 강렬
한 색상의 풀오버. 단순한 코디에 악센트를 주기에 좋은 옷입
니다. 모티브를 이으면 또 다른 무늬가 보이지 않나요? 이것
이 바로 모티브 매직!

실 … 퍼피 코튼 코나 파인
모티브 … 257번(→ P.81)
뜨는 법 … P.138

아기 모자

털실 방울을 단 귀여운 아기용 모자. 디자인에 맞춰서 모티브의 크기를 다르게 떴습니다. 부드러운 소재로 뜨면 산책이나 바깥놀이 갈 때 1년 내내 쓸 수 있습니다. 여러 개 떠서 선물해도 다들 기뻐할 거예요.

실 ⋯ 하마나카 폼 베이비컬러 '크로셰'
모티브 ⋯ 1번과 5번(→ P.8)
뜨는 법 ⋯ P.129

a

b

128

아기 모자

[a] 1번, [b] 5번(→ P.8) 모티브를 사용했습니다.

▶재료
실 [a] … 하마나카 폼 베이비컬러 '크로셰' 크림색(603) 30g 2볼
실 [b] … 하마나카 폼 베이비컬러 '크로셰' 파랑(605) 35g 2볼
도구 … 코바늘 4/0호

▶완성 치수
[a] … 머리둘레 39cm × 깊이 15.3cm
[b] … 머리둘레 39cm × 깊이 12.75cm

▶게이지
[a] … 모티브의 한 변 3.9cm
[b] … 모티브의 한 변 3.25cm

▶뜨는 법 포인트
정해진 장수만큼 모티브를 뜬 뒤에 도안을 참조해 반 코 감침질로 잇습니다.
[a] … 모자 꼭대기는 모티브를 이으면서 정해진 콧수를 주워 무늬뜨기를 합니다. 코 줄이기는 도안을 참조합니다. 뜨개 끝 마지막 단의 코에 바늘을 넣어서 1코씩 걸러 실을 2회 통과시키고 조입니다. 모티브를 이은 반대쪽에서 코를 주워서 가장자리뜨기를 원형으로 합니다. 모자 꼭대기에 털실 방울을 달아서 마무리합니다.
[b] … 도안을 참조해 모자 입구에서 코를 주워 가장자리뜨기를 원형으로 합니다. 모자 꼭대기의 양쪽 모서리에 털실 방울 2개를 달아서 마무리합니다.

아기 모자 [b] 파랑

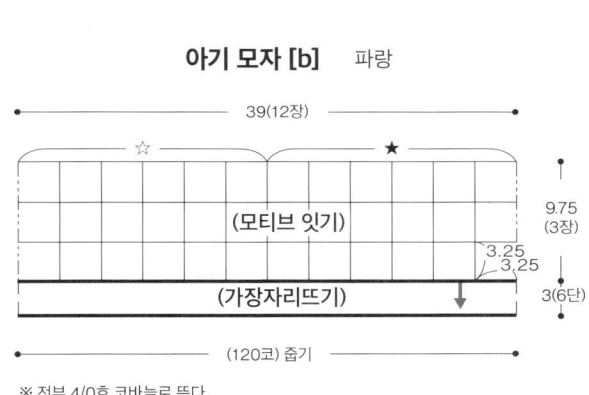

39(12장)
9.75 (3장)
(모티브 잇기)
3.25
3.25
(가장자리뜨기)
3(6단)
(120코) 줍기

※ 전부 4/0호 코바늘로 뜬다.
※ ☆와 ★끼리 잇는다.

모티브 36장

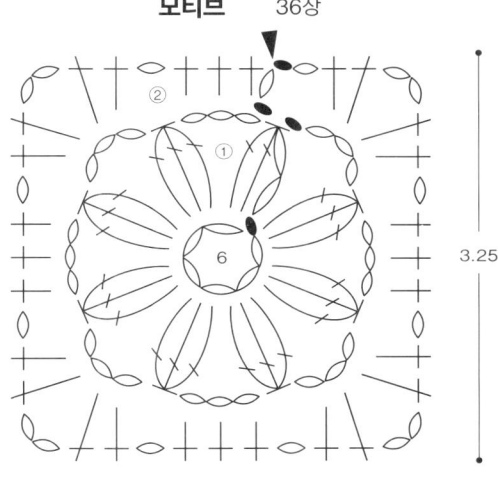

3.25
3.25

가장자리뜨기

▷ = 실 잇기
▶ = 실 자르기

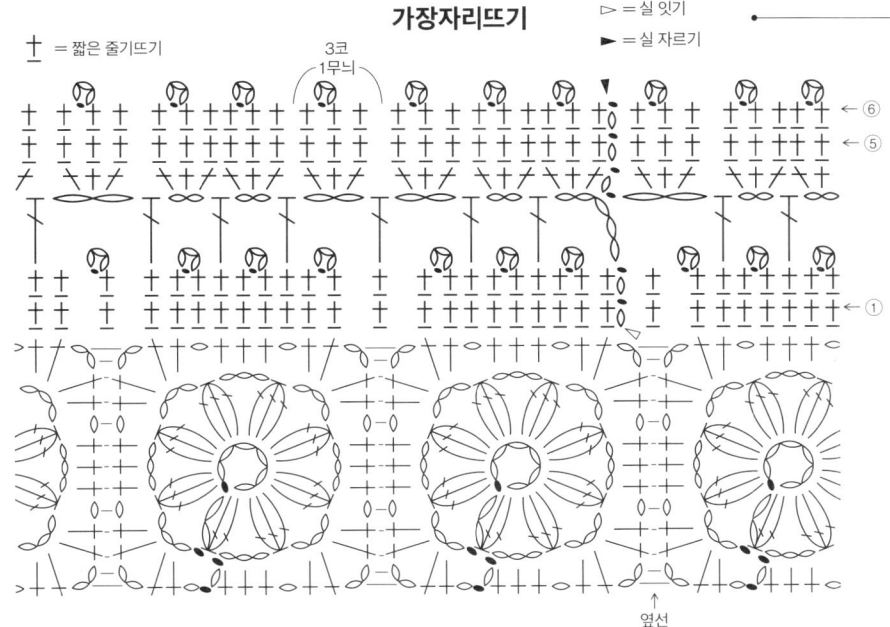

† = 짧은 줄기뜨기

3코 1무늬

←⑥
←⑤
←①

옆선

털실 방울 (공통)

[a] 크림색 1개 [b] 파랑 2개

3.5

※ 4.5cm 크기의 두꺼운 종이에 실을 2겹으로 해 60회 감는다.

마무리하는 법 [b]

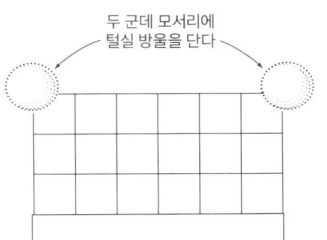

두 군데 모서리에 털실 방울을 단다

아기 모자 [a] 크림색

분산 줄임코
전체에서 (−80코)
도안 참조

(20코)

마지막 단의 코에 1코씩 걸러서
실을 2회 통과시켜 조인다

(무늬뜨기) 5.5(6단)

(100코) 줍기

(모티브 잇기) 7.8
(2단)

39(10장) 3.9

3.9

(가장자리뜨기) 2(4단)

(100코) 줍기

※ 전부 4/0호 코바늘로 뜬다.

모티브 20장

②

①

5

3.9

3.9

▷ = 실 잇기
► = 실 자르기

무늬뜨기

반복한다

← ⑥ (−10코)
(20코)

← ⑤ (−10코)
(30코)

← ④ (−20코)
(40코)

← ③ (−20코)
(60코)

← ② (−20코)
(80코)
← ① (100코)

뒤중심

가장자리뜨기

† = 짧은 줄기뜨기

4코
1무늬

뒤중심

← ④
← ③
← ②
← ①

마무리하는 법 [a]

꼭대기에
털실 방울을 단다

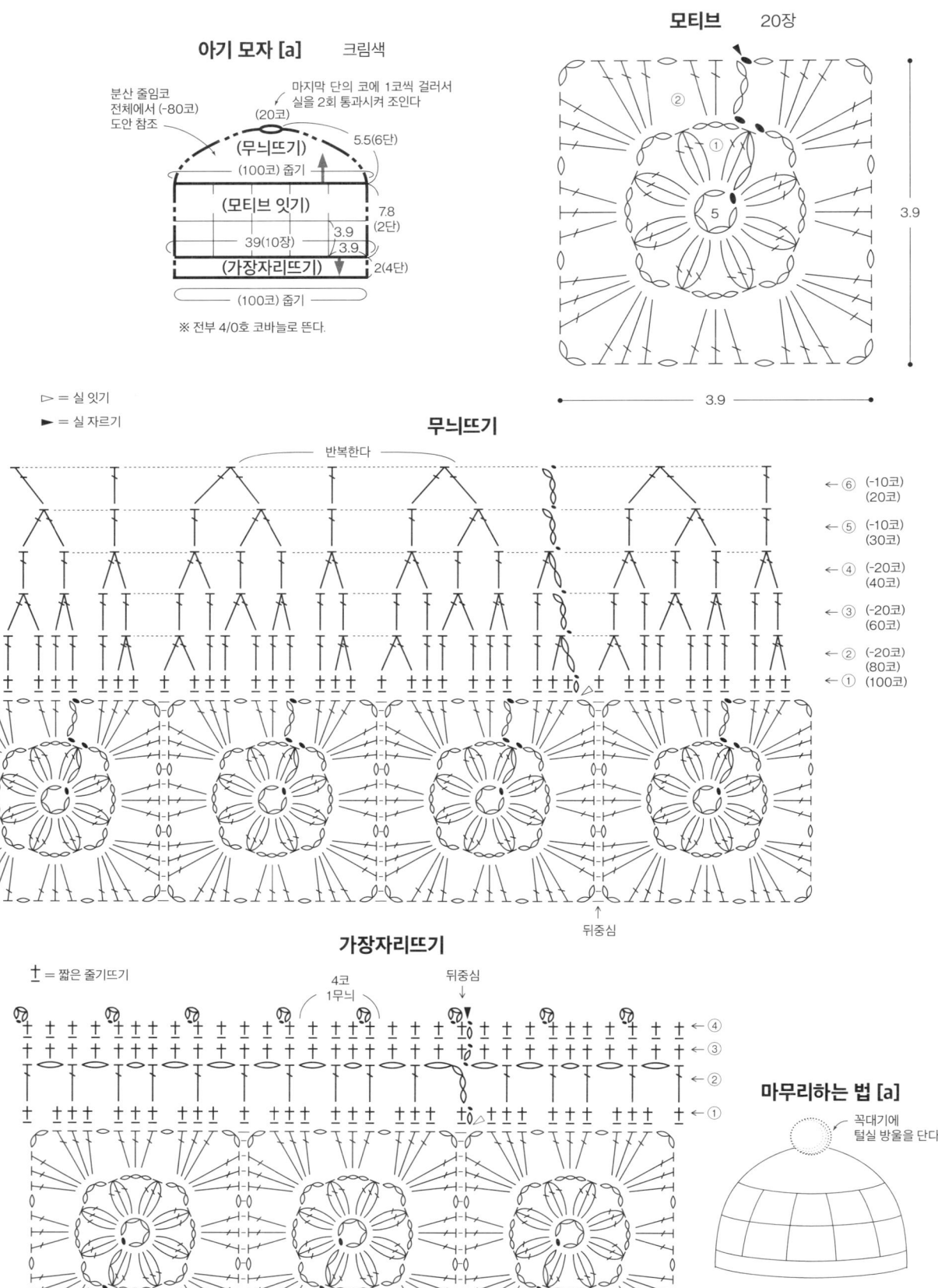

납작 토트백

6번(→ P.8) 모티브를 사용했습니다.

▶**재료**
실 ··· 퍼피 리피 베이지(761) 50g 2볼, 남색(763) 20g 1볼
도구 ··· 코바늘 5/0호·6/0호

▶**완성 치수**
너비 22cm × 깊이 28.5cm

▶**게이지**
모티브의 한 변 5.5cm

▶**뜨는 법 포인트**
모티브를 정해진 장수만큼 뜹니다. 모티브는 겉끼리 맞대
고 정해진 색으로 안에서 빼뜨기해 잇습니다. 입구에는
짧은뜨기를 합니다. 정해진 위치에서 코를 주워 손잡기
를 뜹니다. 도안을 참조해 마무리합니다.

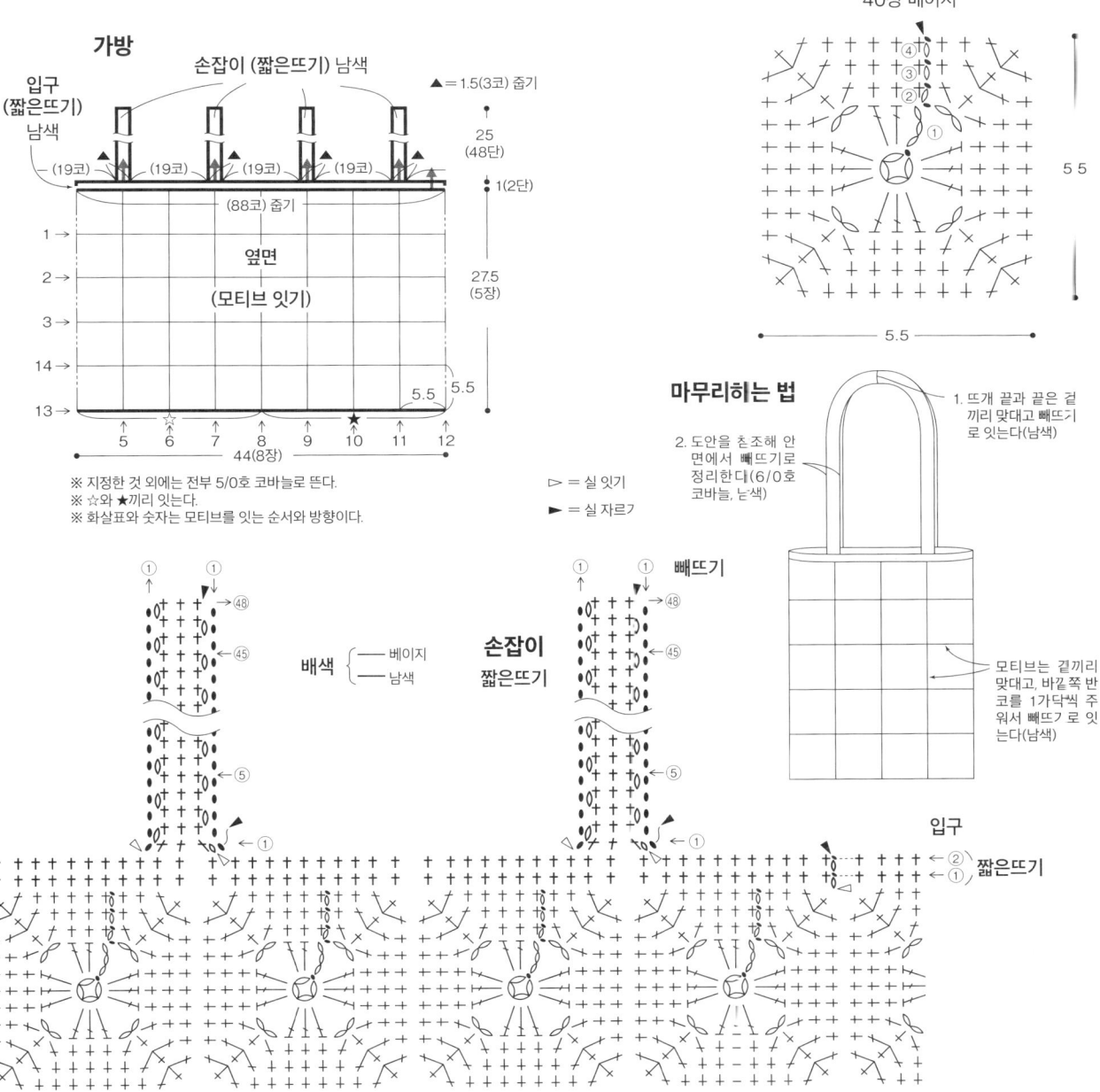

가방

손잡이 (짧은뜨기) 남색

입구
(짧은뜨기)
남색

▲ = 1.5(3코) 줍기

(19코) (19코) (19코) (19코)

(88코) 줍기

옆면

(모티브 잇기)

25
(48단)

1(2단)

27.5
(5장)

5.5
5.5

44(8장)

5 6 7 8 9 10 11 12

※ 지정한 것 외에는 전부 5/0호 코바늘로 뜬다.
※ ☆와 ★끼리 잇는다.
※ 화살표와 숫자는 모티브를 잇는 순서와 방향이다.

▷ = 실 잇기
► = 실 자르기

모티브
40장 베이지

5 5

5.5

마무리하는 법

1. 뜨개 끝과 끝은 겉
끼리 맞대고 빼뜨기
로 잇는다(남색)

2. 도안을 참조해 안
면에서 빼뜨기로
정리한다(6/0호
코바늘, 늦색)

모티브는 겉끼리
맞대고, 바깥쪽 반
코를 1가닥씩 주
워서 빼뜨기로 잇
는다(남색)

입구
짧은뜨기

배색 { 베이지 / 남색

손잡이
짧은뜨기

빼뜨기

※ 반대쪽도 같은 방법으로 뜬다.

사다리꼴 숄

95번(→ P.33) 모티브를 사용했습니다.

▶재료
실 … 다이아 마스터시드 코튼 '크로셰' 아이보리(301) 120g 4볼,
　　　 베이지(302) 65g 3볼
도구 … 코바늘 2/0호

▶완성 치수
가로 130cm × 세로 44cm

▶게이지
모티브 지름 8cm

▶뜨는 법 포인트
모티브를 이으면서 뜹니다. 배색은 도안을 참조하고, 2번째 장 이후는 마지막 단에서 옆 모티브와 이으면서 뜹니다. 둘레에 가장자리뜨기를 1단 합니다.

숄 (모티브 잇기)

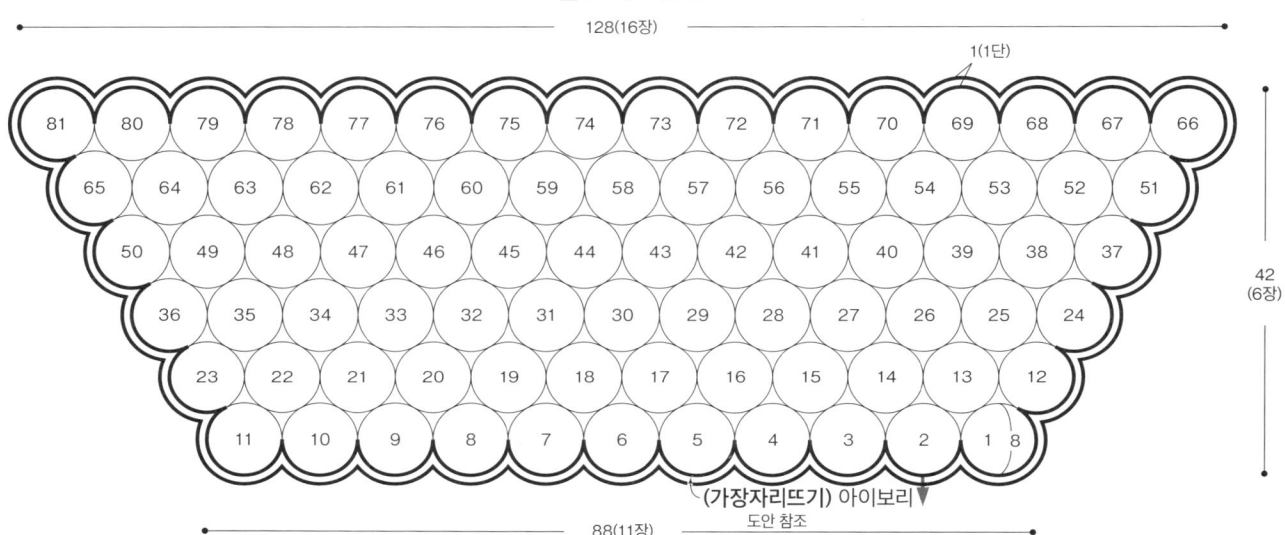

128(16장)

1(1단)

42
(6장)

(가장자리뜨기) 아이보리
도안 참조

88(11장)

※ 전부 2/0호 코바늘로 뜬다.
※ 모티브 안의 숫자는 잇는 순서이다.

모티브　81장

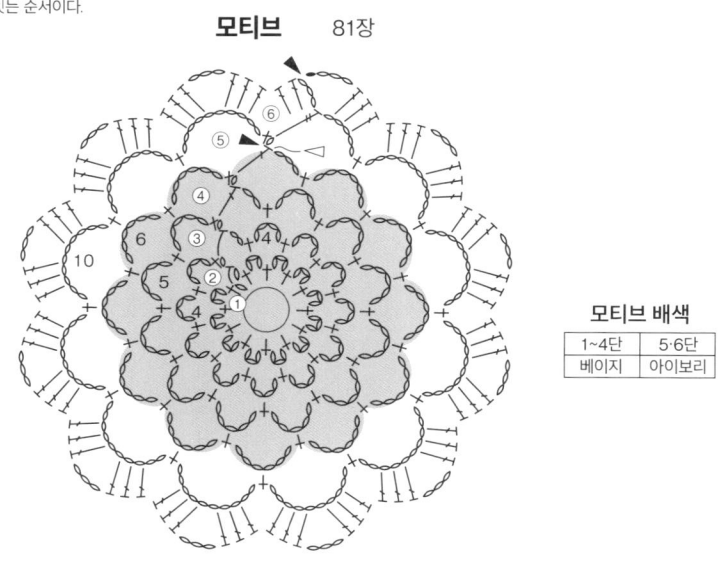

모티브 배색

1~4단	5·6단
베이지	아이보리

▷ =실 잇기
▶ =실 자르기

8

모티브 잇는 법과 가장자리뜨기

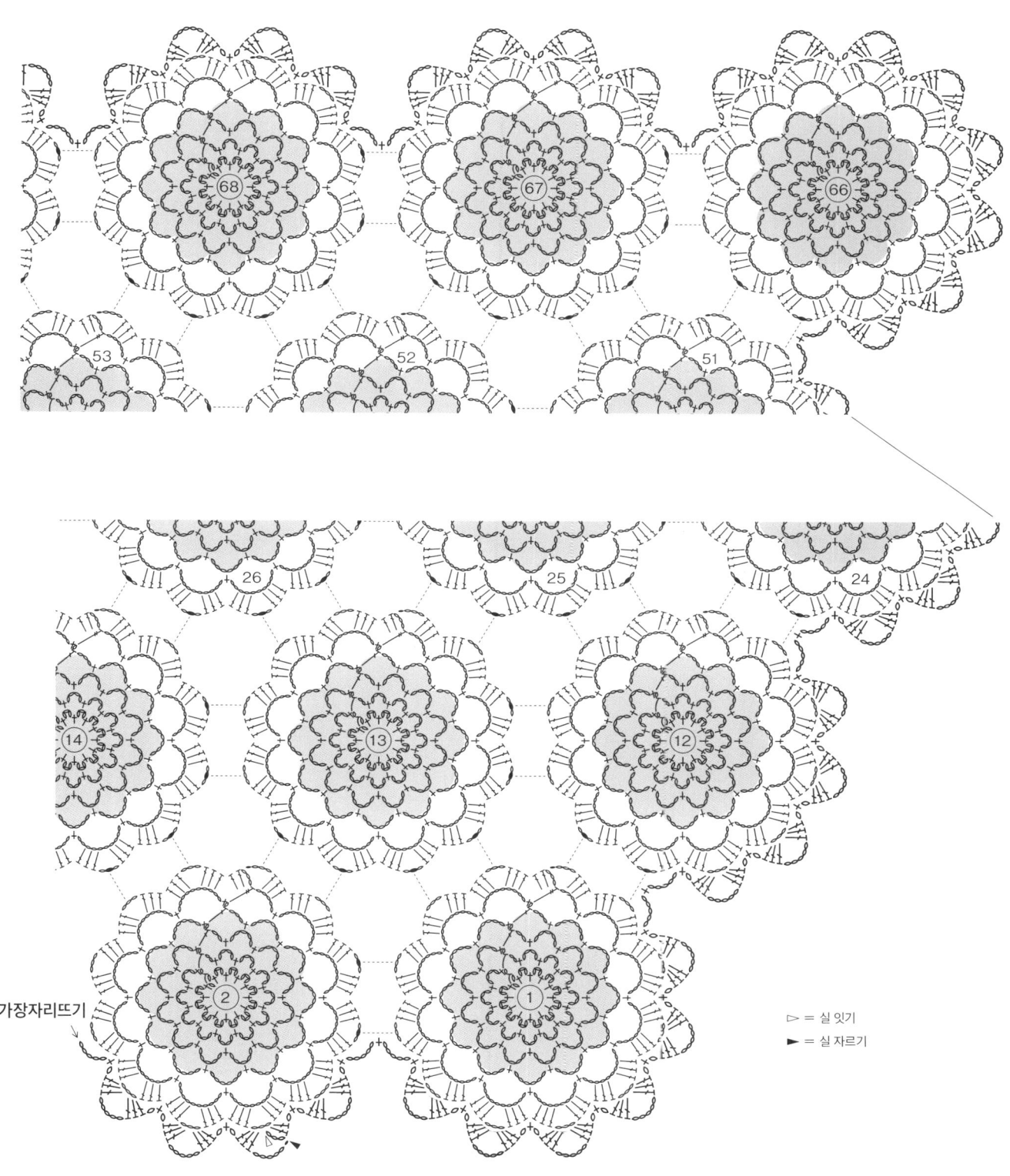

가장자리뜨기

▷ = 실 잇기
► = 실 자르기

칼라

215번(→ P.68) 모티브를 사용했습니다.

▶**재료**
실 … 올림푸스 에미그란데 아이보리(804) 35g 1볼
도구 … 코바늘 2/0호

▶**완성 치수**
칼라 너비 7.5cm, 칼라 다는 쪽 59cm

▶**게이지**
모티브 크기는 도안 참조

▶**뜨는 법 포인트**
전부 모티브를 이으면서 뜹니다. 2번째 장 이후는 마지막 단에서 옆 모티브와 이으면서 뜹니다. 칼라 다는 쪽에 모티브 B를 뜨면서 잇습니다. 단추를 떠서 단추 다는 위치에 답니다. 단춧구멍은 무늬 사이의 공간을 이용합니다.

덧칼라 (모티브 잇기)

모티브 B

7.5

59(8장)

8 ⑮ 7 ⑭ 6 ⑬ 5 ⑫ 4 ⑪ 3 ⑩ 2 ⑨ 1

모티브 A

※ 전부 2/0호 코바늘로 뜬다.
※ 모티브 안의 숫자는 잇는 순서이다.

모티브 A   8장

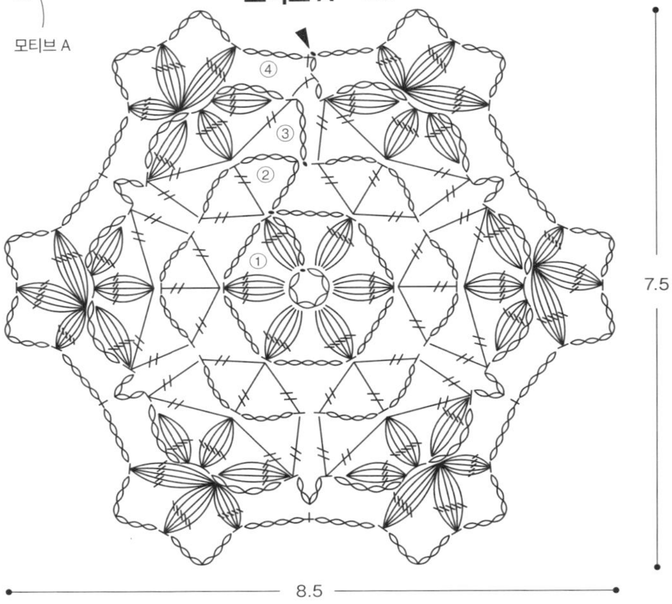

④
③
②
①

7.5

8.5

단추   1개

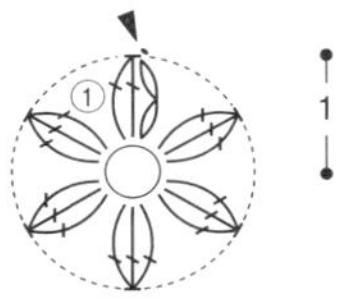

①

1

※ 안면을 겉면으로 사용하고, 뜨개 끝의 실 끝을 마지막 단 코의 머리에 통과시켜서 조인 뒤에 정해진 위치에 단다.

모티브 B   7장

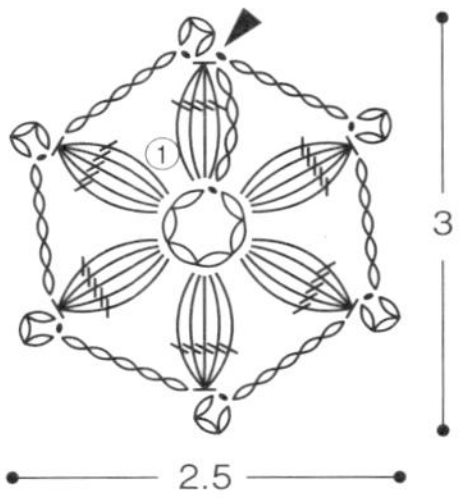

①

3

2.5

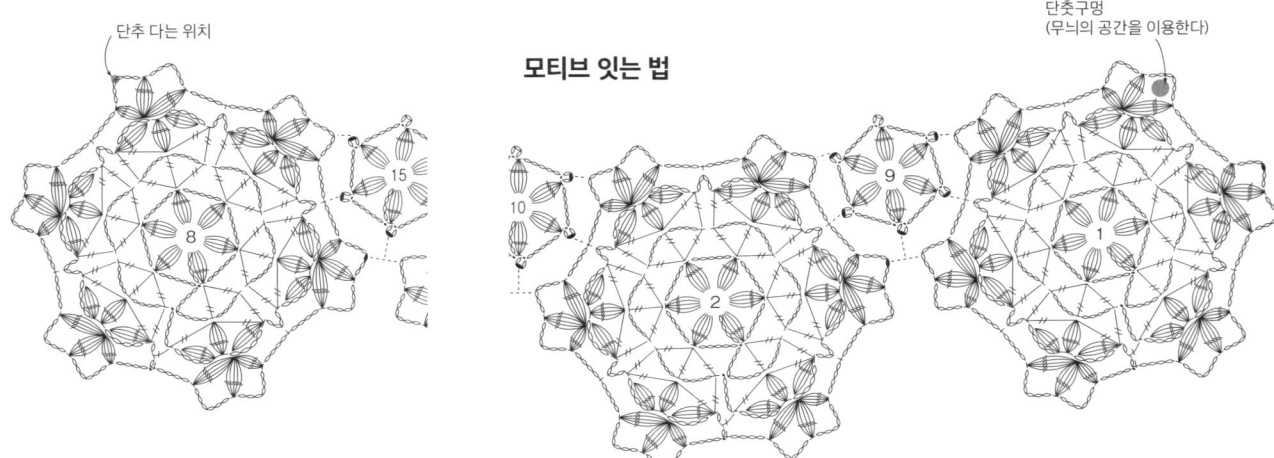

단추 다는 위치

8

15

모티브 잇는 법

10

2

9

1

단춧구멍
(무늬의 공간을 이용한다)

컬러풀 머플러

217번(→ P.69) 모티브를 사용했습니다.

▶**재료**
실 … 스키 태즈메이니안 폴워스 검정(7028) 80g 2볼, 모스그린(7021) 15g 1볼,
　　청록(7009) 10g 1볼, 탁한 핑크(7011) 10g 1볼, 벽돌색(7013) 10g 1볼
도구 … 코바늘 6/0호

▶**완성 치수**
너비 12.5cm × 길이 139.5cm

▶**게이지**
모티브 크기는 도안 참조

▶**뜨는 법 포인트**
모티브 배색은 취향에 따라 무작위로 잇습니다. 2번째
장 이후는 마지막 단에서 옆 모티브와 빼뜨기로 이으면
서 뜹니다. 긴 구슬뜨기는 앞뒤 모두 똑같이 완성됩니다.

모티브 잇는 법

머플러 (모티브 잇기)

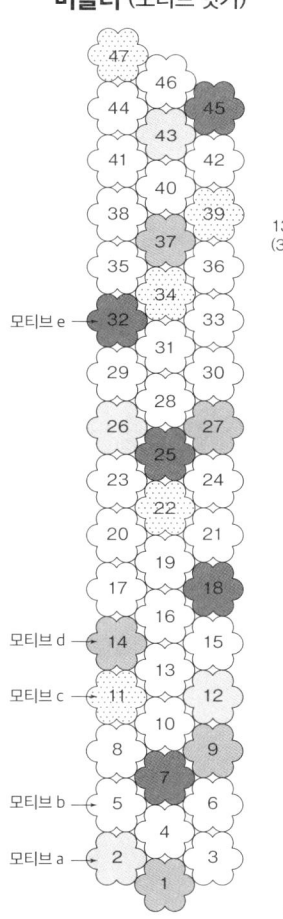

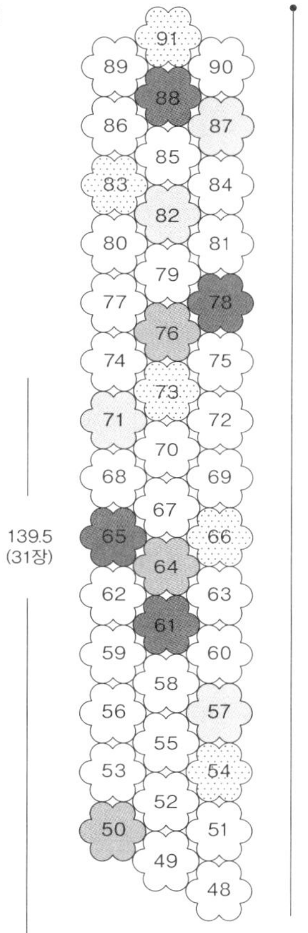

139.5
(31장)

12.5(3장)

모티브　91장

4.5

5

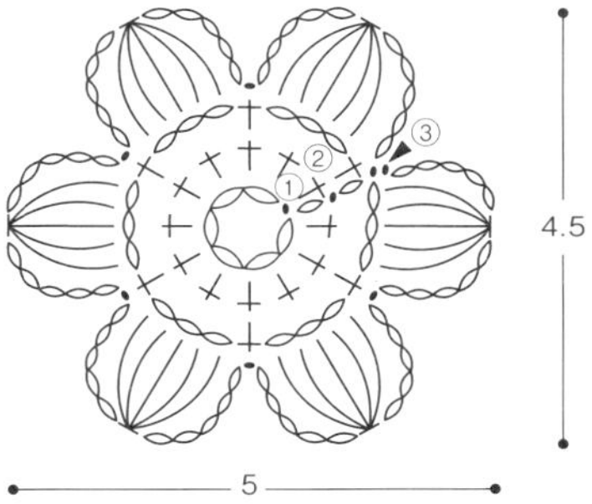

► = 실 자르기

모티브 배색과 장수

	배색	장수
a	청록	8장
b	검정	56장
c	모스그린	10장
d	탁한 핑크	8장
e	벽돌색	9장

70번(→ P.26) 모티브를 사용했습니다.

▶**재료**
실 ⋯ 하마나카 워시 코튼 '크로셰' 검정(120) 30g 2볼, 흰색(101) 20g 1볼
도구 ⋯ 코바늘 2/0호

▶**완성 치수**
바닥 지름 13cm × 깊이 6cm(실측)

▶**게이지**
모티브 크기는 도안 참조

▶**뜨는 법 포인트**
모티브를 이으면서 뜹니다. 2번째 장 이후는 마지막 단에서 옆 모티브와 이으면서 뜹니다. 입구는 도안을 참조해 모티브에서 코를 줍고 가장자리뜨기를 원형 왕복뜨기로 뜹니다. 끈을 두 줄 떠서 가장자리뜨기 3단에 끼운 뒤 끈의 양 끝에 장식을 달아서 마무리합니다.

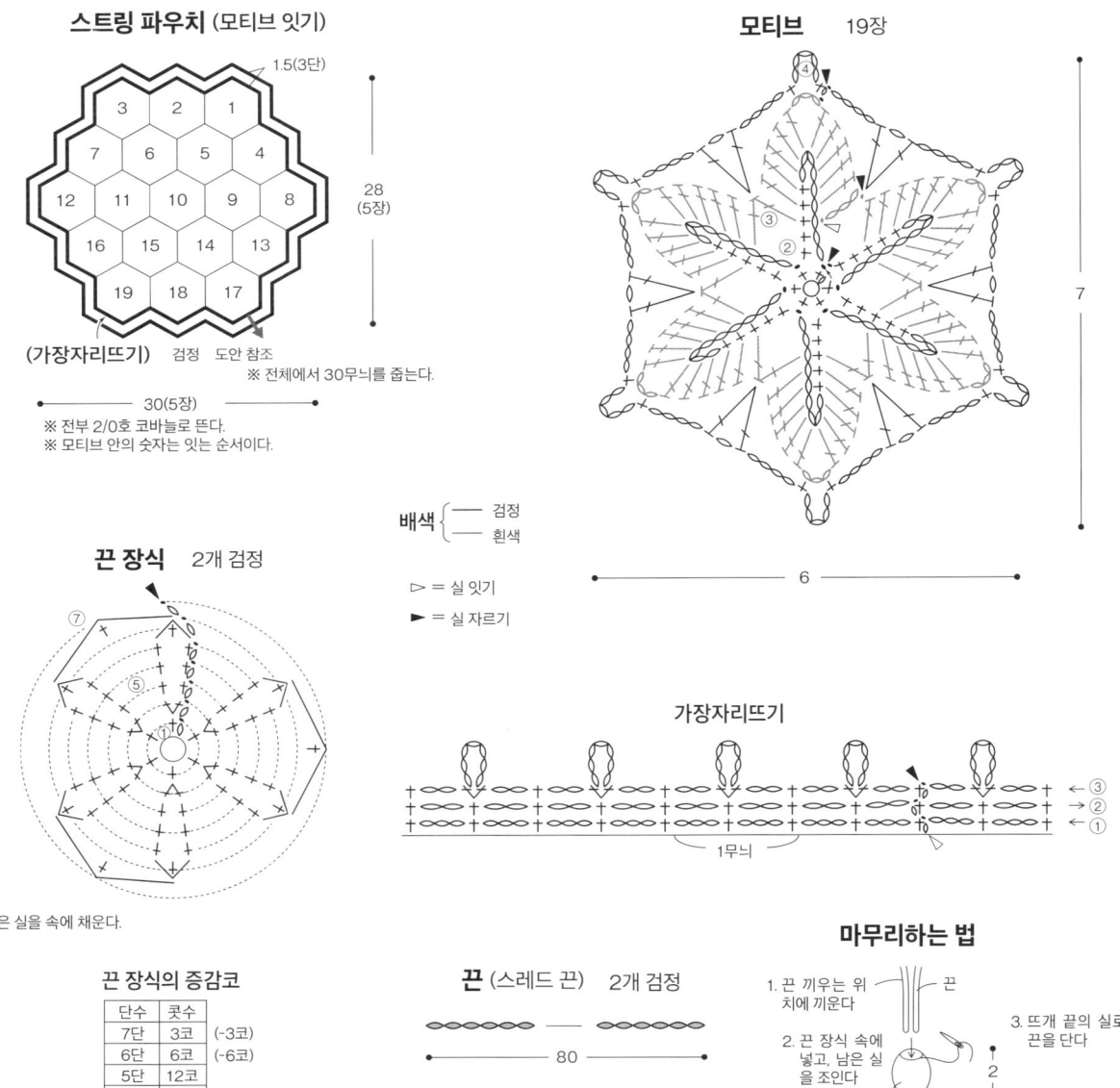

스트링 파우치 (모티브 잇기)

1.5(3단)

3	2	1
7	6	5	4
12	11	10	9	8
16	15	14	13
19	18	17

28
(5장)

(**가장자리뜨기**) 검정 도안 참조
※ 전체에서 30무늬를 줍는다.

30(5장)
※ 전부 2/0호 코바늘로 뜬다.
※ 모티브 안의 숫자는 잇는 순서이다.

모티브 19장

7

6

배색 ┤ 검정 / 흰색

▷ = 실 잇기
► = 실 자르기

끈 장식 2개 검정

※ 남은 실을 속에 채운다.

끈 장식의 증감코

단수	콧수	
7단	3코	(-3코)
6단	6코	(-6코)
5단	12코	
4단	12코	
3단	12코	
2단	12코	(+6코)
1단	6코	

가장자리뜨기

← ③
→ ②
← ①

1무늬

끈 (스레드 끈) 2개 검정

80

마무리하는 법

1. 끈 끼우는 위치에 끼운다
2. 끈 장식 속에 넣고, 남은 실을 조인다
3. 뜨개 끝의 실로 끈을 단다
끈
끈 장식
2

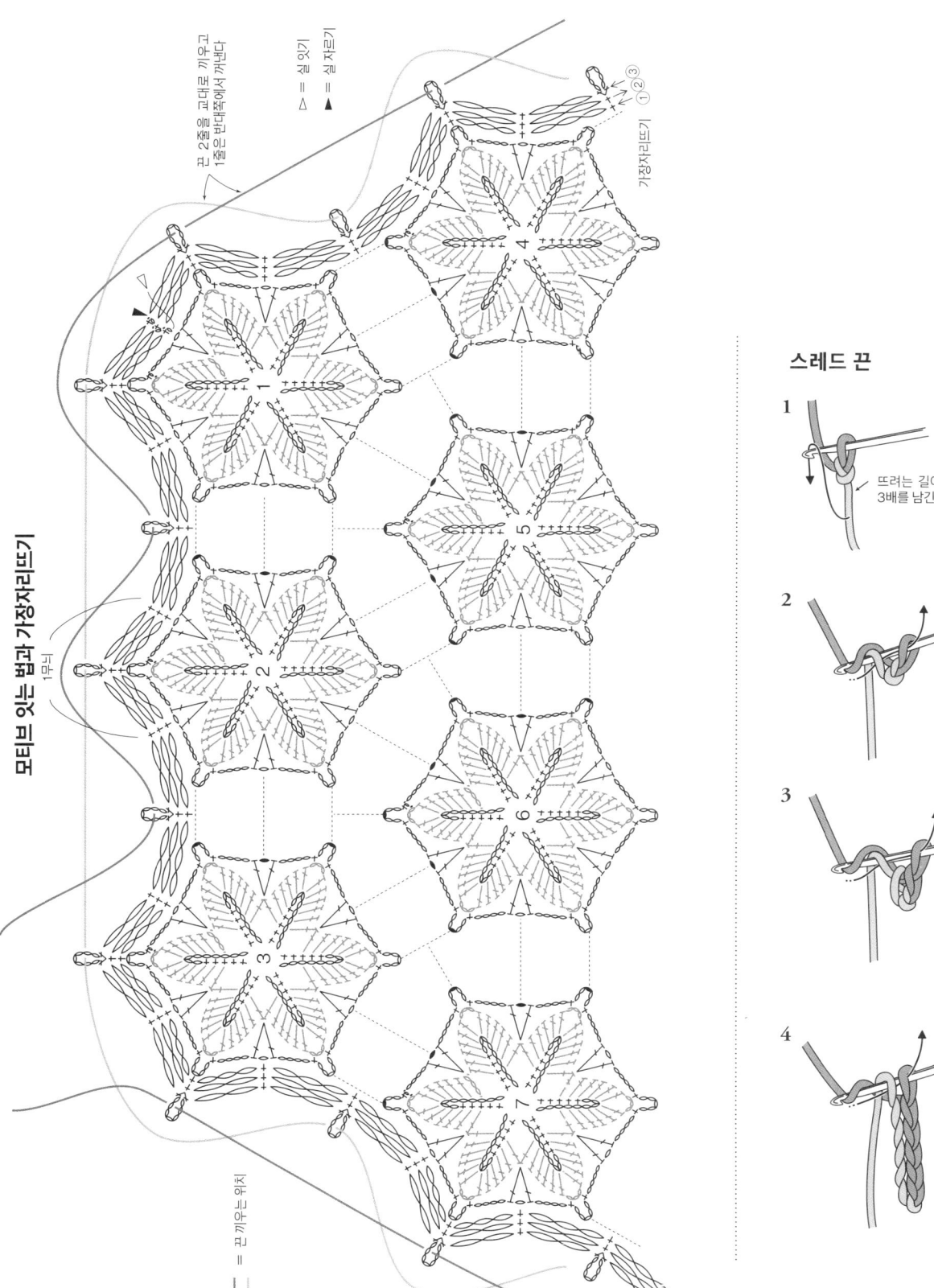

모티브 잇는 법과 가장자리뜨기
1무늬

단 2줄을 교대로 띄우고
1줄은 반대쪽에서 꺼낸다

△ = 실 잇기
▲ = 실 자르기

가장자리뜨기
①②③

= 끄기는 위치

스레드 끈

1

뜨려는 길이의
3배를 남긴다

2

빼낸다

3

빼낸다

4

빼낸다

풀오버

257번(→ P.81) 모티브를 사용했습니다.

▶재료
실 … 퍼피 코튼 코나 파인 붉은 자주(353) 245g 10볼
도구 … 레이스용 코바늘 0호

▶완성 치수
가슴둘레 88cm, 길이 39cm, 뒤목 중심~소매 끝 38.5cm

▶게이지
모티브의 한 변 11cm

▶뜨는 법 포인트
모티브를 이으면서 뜹니다. 2번째 장 이후는 마지막 단에서 옆 모티브와 이으면서 뜹니다. 밑단, 소맷부리는 도안을 참조해 가장자리를 정리합니다. 밑단과 소매는 무늬뜨기로, 칼라는 가장자리뜨기로 원형뜨기를 합니다.

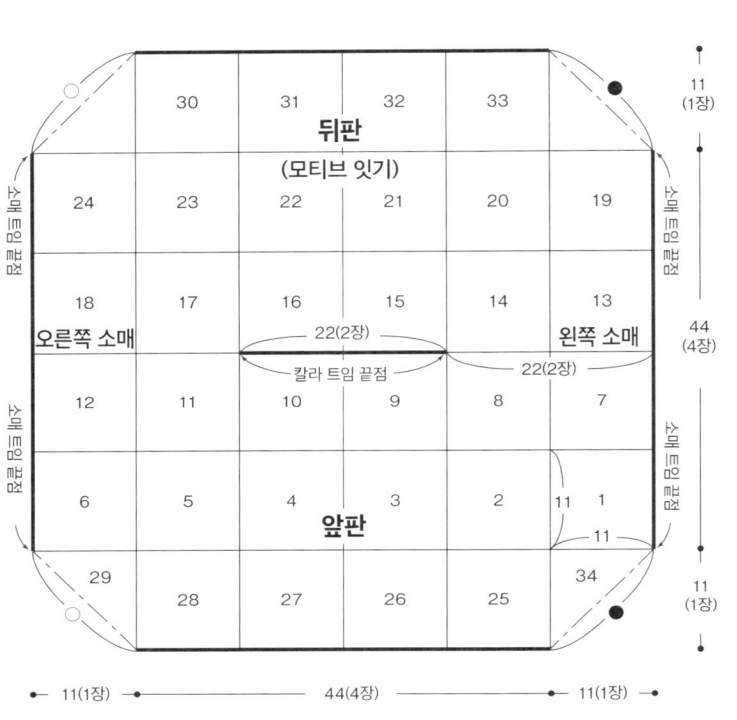

뒤판
(모티브 잇기)

30	31	32	33
24	23	22	21	20	19
18	17	16	15	14	13

오른쪽 소매 ─ 22(2장) ─ **왼쪽 소매**
칼라 트임 끝점 ── 22(2장)

| 12 | 11 | 10 | 9 | 8 | 7 |
| 6 | 5 | 4 | 3 | 2 | 1 |

앞판

| 29 | 28 | 27 | 26 | 25 | 34 |

11(1장)
44(4장)
11(1장)

소매 트임 끝점

11(1장) / 44(4장) / 11(1장)

※ 전부 레이스용 코바늘 0호로 뜬다.
※ 모티브 안의 숫자는 잇는 순서이다.

모티브 34장

▶ = 실 자르기

11

무늬뜨기 (밑단, 소맷부리)

4코 1무늬
←①

도안 2 모티브 가장자리 정리하는 법 (밑단)

※ 소맷부리도 같은 요령으로 정리한다.

27   28

] = 한길 긴 앞걸어뜨기
] = 한길 긴 뒤걸어뜨기

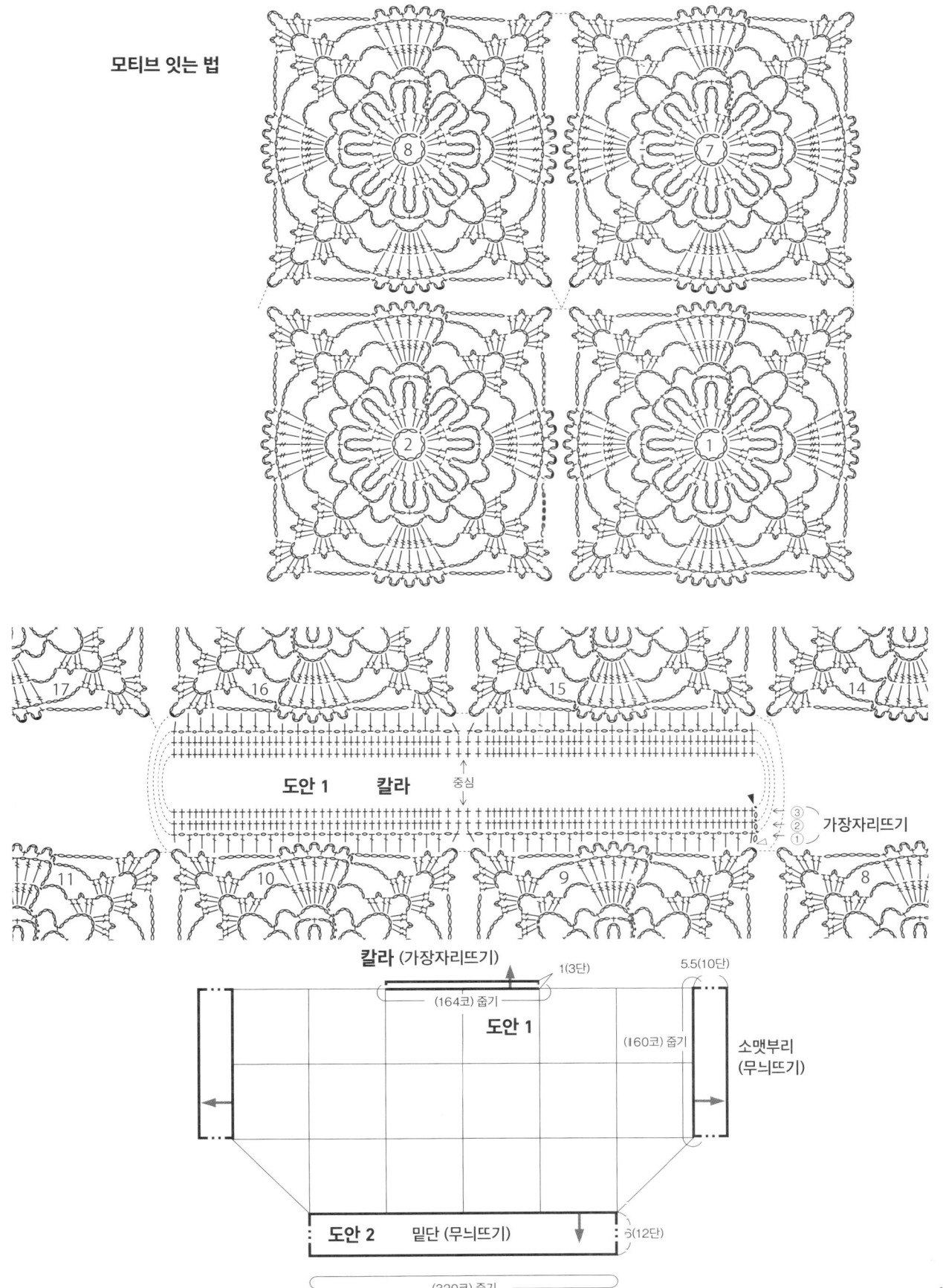

모티브 잇는 법

도안 1 칼라

중심

③
②
①
가장자리뜨기

칼라 (가장자리뜨기)

1(3단)

5.5(10단)

(164코) 줍기

도안 1

(160코) 줍기

소맷부리
(무늬뜨기)

도안 2 밑단 (무늬뜨기)

6(12단)

(320코) 줍기

볼레로

259번(→ P.81) 모티브를 사용했습니다.

▶**재료**
실 … 올림푸스 에미그란데 실버화이트(481) 290g 6볼
도구 … 레이스용 코바늘 0호

▶**완성 치수**
길이 28cm, 뒤목 중심~소매 끝 59.9cm

▶**게이지**
모티브의 한 변 7cm

▶**뜨는 법 포인트**
몸판, 소매 모두 모티브를 이으면서 뜹니다. 2번째 장부
터는 마지막 단에서 옆 모티브와 이으면서 뜹니다.

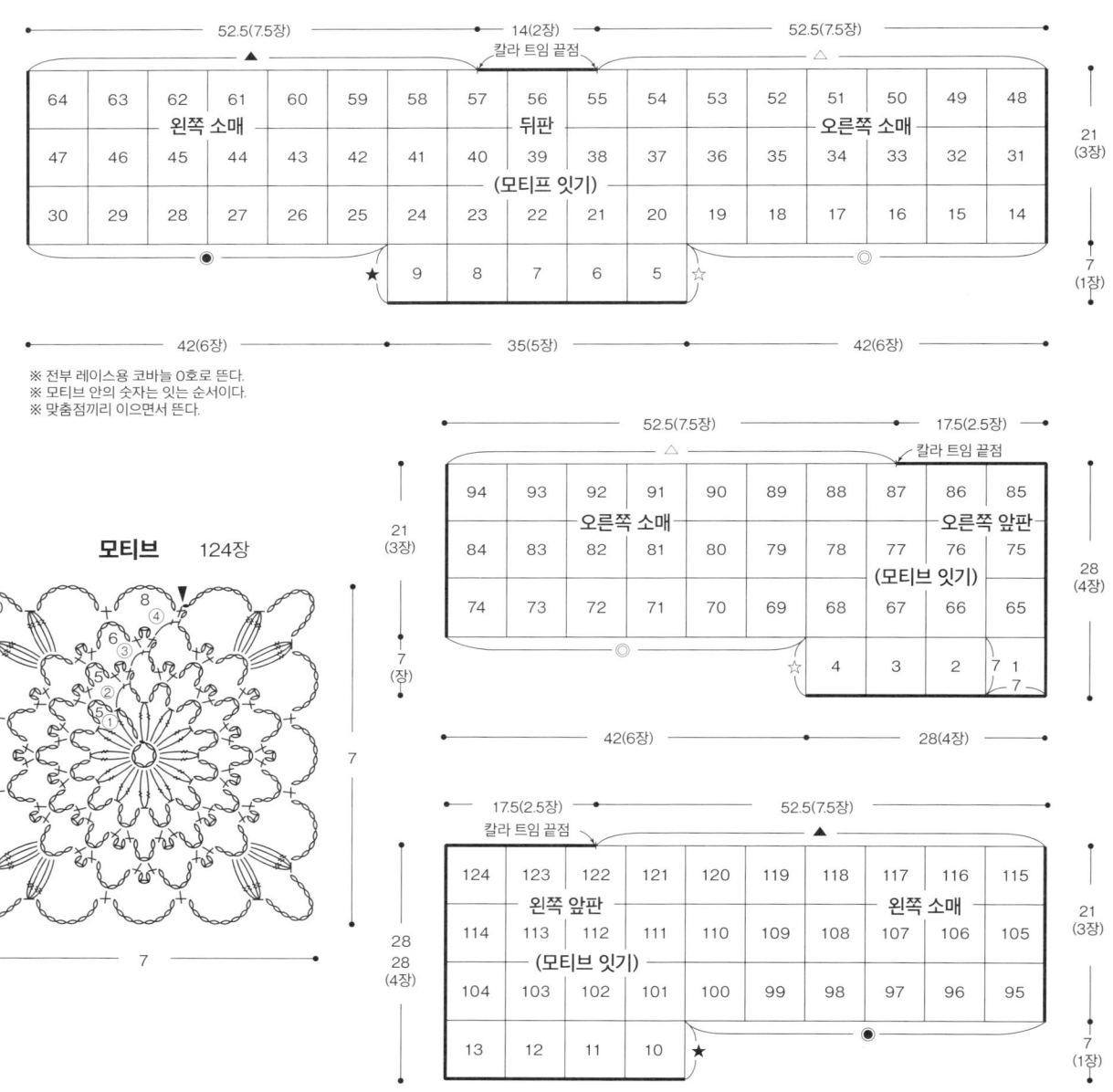

모티브 124장

※ 전부 레이스용 코바늘 0호로 뜬다.
※ 모티브 안의 숫자는 잇는 순서이다.
※ 맞춤점끼리 이으면서 뜬다.

모티브 잇는 법

모티브 모서리 잇는 법

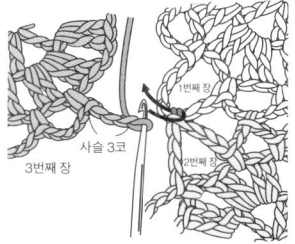

1 모티브 3번째 장을 잇는 위치 앞의 사슬 3코를 뜨고, 2번째 장의 빼뜨기 다리 2가닥에 바늘을 위에서 넣는다.

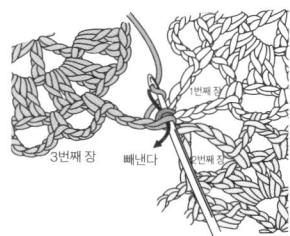

2 바늘에 실을 걸어서 빼낸다. 4번째 장도 같은 곳에서 빼낸다.

목둘레

칼라 트임 끝점

뒤중심

technique guide 코바늘뜨기 뜨개 기호와 뜨는 법

빼뜨기의 피코뜨기(짧은뜨기에서)

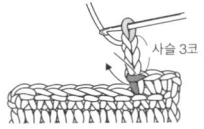 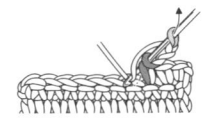 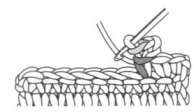 

1 짧은뜨기에 이어서 사슬 3코를 뜨고, 짧은뜨기 머리의 앞쪽 반 코와 다리의 실 1가닥에 바늘을 넣는다.

2 바늘에 실을 걸어서 화살표처럼 빼낸다.

3 빼뜨기의 피코뜨기(짧은뜨기에서)를 완성했다.

4 다음 짧은뜨기를 한 모습.

빼뜨기의 피코뜨기(사슬뜨기에서)

   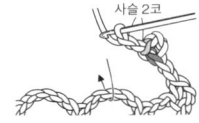

1 사슬 3코에 이어서 다시 사슬 3코를 뜬 다음, 4코 앞의 사슬 반 코와 사슬코 산에 바늘을 넣는다.

2 바늘에 실을 걸어서 화살표처럼 빼낸다.

3 사슬뜨기 도중에 빼뜨기의 피코뜨기(사슬뜨기에서)가 생겼다.

4 다음 사슬 2코를 뜬 모습.

한길 긴 앞걸어뜨기

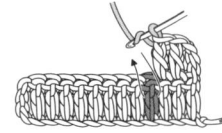 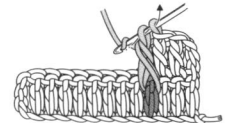

1 바늘에 실을 걸고, 앞단의 한길 긴뜨기 다리 전체를 줍듯이 앞쪽에서 바늘을 넣어 앞쪽으로 꺼낸다.

2 바늘에 실을 걸고 조금 길게 끌어내 한길 긴뜨기를 한다.

한길 긴 뒤걸어뜨기

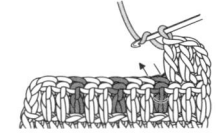 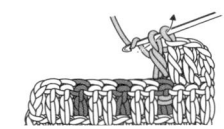

1 바늘에 실을 걸고, 앞단의 한길 긴뜨기 다리 전체를 줍듯이 뒤쪽에서 바늘을 넣어 뒤쪽으로 꺼낸다.

2 바늘에 실을 걸고 조금 길게 끌어내 한길 긴뜨기를 한다.

한길 긴 5코 팝콘뜨기(코 아래에서)

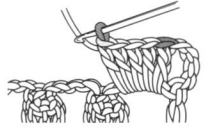  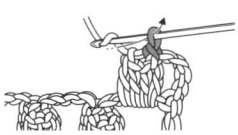 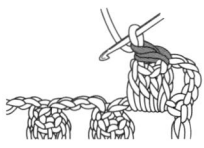

1 앞단의 사슬 아래 공간에 한길 긴뜨기를 5코 뜬다.

2 일단 바늘을 빼고, 1번째 한길 긴뜨기 머리에 바늘을 앞에서 넣어 코를 끌어낸다.

3 바늘에 실을 걸고 사슬 1코를 떠서 조인다.

4 한길 긴 5코 팝콘뜨기(코 아래에서)를 완성했다.

Y자뜨기

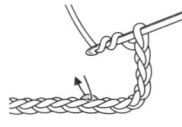  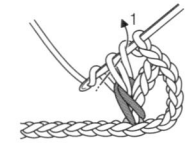  

1 바늘에 실을 2회 감고, 사슬코 산에 바늘을 넣어서 두길 긴뜨기를 한다.

2 계속해 사슬 1코를 뜨고, 바늘에 실을 걸어서 화살표의 2가닥에 바늘을 넣어 실을 걸고 끌어낸다.

3 한 번 더 실을 걸어서 바늘에 걸린 고리 2개 안으로 빼낸다.

4 다시 실을 걸고 고리 2개 안으로 빼낸다.

5 Y자뜨기를 완성했다.

한길 긴 X자뜨기(실 2회 감고 시작)

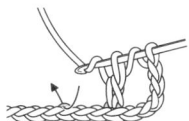

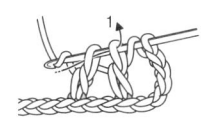

1 바늘에 실을 2회 감고 미완성 한길 긴뜨기를 한다. 화살표의 코에도 미완성 한길 긴뜨기를 한다.

2 실을 걸고 바늘에 걸린 고리 2개 안으로 빼낸다.

3 실을 걸고 고리 2개씩 그 안으로 빼낸다.

4 사슬 2코를 뜬다. 실을 걸고 화살표의 2가닥에 바늘을 넣어서 한길 긴뜨기를 한다.

5 한길 긴 X자뜨기(실 2회 감고 시작)를 완성했다.

 ## 한길 긴 X자뜨기(실 3회 감고 시작)

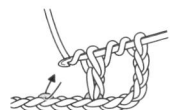

1 바늘에 실을 3회 감고 미완성 한길 긴뜨기를 한다. 화살표의 코에도 미완성 한길 긴뜨기를 한다.

2 실을 걸고 바늘에 걸린 고리 3개 안으로 빼낸다.

3 실을 걸고 고리 2개씩 그 안으로 빼낸다.

4 사슬 2코를 뜬다. 실을 걸고 화살표의 3가닥에 바늘을 넣어서 한길 긴뜨기를 한다.

5 한길 긴 X자뜨기(실 3회 감고 시작)를 완성했다.

 ## 역Y자뜨기(실 2회 감고 시작)

1 바늘에 실을 2회 감고 사슬코 산에 바늘을 넣어서 미완성 한길 긴뜨기를 한다.

2 다시 실을 걸고 1코 건너뛴 사슬코 산에 바늘을 넣어서 미완성 한길 긴뜨기를 한다.

3 실을 걸어서 바늘에 걸린 고리 2개 안으로 빼낸다.

4 다시 실을 걸고 고리 2개씩 그 안으로 빼낸다.

5 역Y자뜨기(실 2회 감고 시작)를 완성했다.

 ## 다리 달린 한길 긴 5코 구슬뜨기

1 바늘에 실을 3회 감고 사슬코 산에 바늘을 넣어서 미완성 한길 긴뜨기를 한다.

2 바늘에 실을 걸고 같은 코에 미완성 한길 긴뜨기를 4코 뜬다.

3 바늘에 실을 걸고 바늘에 걸린 고리 6개 안으로 빼낸다.

4 다시 실을 걸고 고리 2개씩 2회 빼낸다.

5 다리 달린 한길 긴 5코 구슬뜨기를 완성했다.

 ## 삼각뜨기

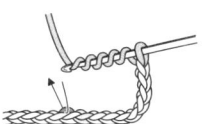

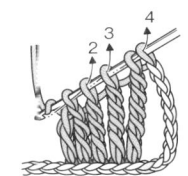

1 바늘에 실을 5회 감고 사슬코 산에 바늘을 넣어서 미완성 다섯길 긴뜨기를 한다.

2 계속해 미완성 네길 긴뜨기, 세길 긴뜨기, 두길 긴뜨기, 한길 긴뜨기 순으로 뜬다.

3 바늘에 실을 걸고 바늘에 걸린 고리 2개 안으로 빼낸다.

4 같은 방법으로 바늘에서 고리 2개씩 2회를 빼내고, 마지막은 고리 3개 안으로 한번에 빼낸다.

5 삼각뜨기를 완성했다.

"AIZOBAN CROCHET MOTIF 366 : KAGIBARI AMI PATTERN BOOK " (NV70727) by NIHON VOGUE Corp.

Copyright © NIHON VOGUE-SHA 2023

All rights reserved.

First published in Japan in 2023 by NIHON VOGUE Corp.

Photographer: Yasuo Nagumo, Hidetoshi Maki

This Korean edition is published by arrangement with NIHON VOGUE Corp., Tokyo

in care of Tuttle-Mori Agency, Inc., Tokyo, through Botong Agency, Seoul.

＊ 스탭

북디자인 : 키스카와 모토코

촬영 : 나구모 야스오, 마키 히데토시(p.118~120)

스타일리스트 : 이나이 토모미

도면 : 안도 요시코

편집 협력 : 오마에 가오리, 고바야시 미호, 쿠리하라 치에코, 타카야마 케이나

편집 : 소가 케이코, 스즈키 히로코

＊ 모티브 및 작품 제작

이나바 준코, 이마이즈미 후미코, 오카다 마사코, 쿠리하라 치에코, 사이토 노리코, 수토우 테루요,

다카하시 에미코, 타카야마 케이나, 타테노 카요코, 다노 준코, 후루타니, 미치코, 모치즈키 미와,

쇼이다 토모코, 와다 노조미

완전판

코바늘 모티브 패턴집 366

1판 1쇄 인쇄 | 2024년 1월 18일

1판 1쇄 발행 | 2024년 1월 25일

지은이 일본보그사 편

옮긴이 남궁가윤

펴낸이 김기옥

실용본부장 박재성

편집 실용2팀 이나리, 장윤선

마케터 이지수

지원 고광현, 김형식

디자인 푸른나무디자인

인쇄·제본 민언프린텍

펴낸곳 한스미디어(한즈미디어(주))

주소 04037 서울시 마포구 양화로 11길 13(서교동, 강원빌딩 5층)

전화 02-707-0337 | **팩스** 02-707-0198 | **홈페이지** www.hansmedia.com

출판신고번호 제 313-2003-227호 | **신고일자** 2003년 6월 25일

ISBN 979-11-93712-04-7 (13590)

플라워&가드닝

꽃집에서 인기 있는 꽃 469종
꽃도감

방현희 역 | 몽소 플뢰르 감수
288쪽 | 22,000원

케이라플레르
플라워 코스

김애진 저
288쪽 | 32,000원

플라워 컴 투 라이프

김신정 저
328쪽 | 16,800원

플라워 컴 홈

김신정 저 | 296쪽
16,500원

마이 디어 플라워

주예슬 저 | 284쪽
16,500원

사계절을 즐기는
꽃꽂이

다니 마사코 저 | 방현희 역
208쪽 | 18,000원

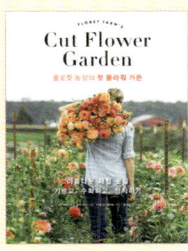

플로렛 농장의
컷 플라워 가든

에린 벤자킨, 줄리 차이 저
정수진 역 | 미셸 M. 웨이트 사진
32,000원

처음 시작하는
구근식물 가드닝

마쓰다 유키히로 저 | 방현희 역
208쪽 | 22,000원

한스미디어 www.hansmedia.com

서울특별시 마포구 양화로 11길 13 (강원빌딩 5층)
TEL 02-707-0337   FAX 02-707-0198

도서판매처 안내

전국 오프라인 서점

교보문고 전 지점, 영풍문고 전 지점, 반
디앤루니스 전 지점, 이외의 전국 지역 서
점에서 구매할 수 있습니다.

온라인 서점

교보인터넷 www.kyobobook.co.kr
YES24 www.yes24.com
알라딘 www.aladin.co.kr
인터파크도서 book.interpark.com

한스미디어의
수예 & 핸드메이드 도서

베스트 뜨개 & 핸드메이드 매거진 털실타래 Vol.1~5
일본보그사 편 | 각 22,000원

 ## 코바늘 손뜨개

쉽게 배우는
**새로운 코바늘 손뜨개의
기초**
일본보그사 저 | 김현영 역
153쪽 | 18,000원

쉽게 배우는
**새로운 코바늘 손뜨개의
기초 실전편**
일본보그사 저 | 이은정 역
136쪽 | 16,500원

쉽게 배우는
코바늘 손뜨개 무늬 123
일본보그사 저 | 배혜영 역
111쪽 | 15,000원

쉽게 배우는
모티브 뜨기의 기초
일본보그사 저 | 강수현 역
112쪽 | 15,000원

실을 끊지 않는
**코바늘 연속
모티브 패턴집**
일본 보그사 저 | 강수현 역
112쪽 | 18,000원

실을 끊지 않는
**코바늘 연속
모티브 패턴집II**
일본보그사 저 | 강수현 역
112쪽 | 18,000원

**매일매일
뜨개 가방**
최미희 저 | 200쪽 | 20,000원

손뜨개꽃길의
사계절 코바늘 플라워
박경조 저 | 244쪽 | 22,000원

대바늘과 코바늘로 뜨는
겨울 손뜨개 가방
아사히신문출판 저 | 강수현 역
80쪽 | 13,000원

DIY

짜루의
핸드메이드 인형 만들기

짜루(최정혜) 저
132쪽 | 14,000원

투명한
보석비누 교과서

키노시타 카즈미 저 | 문혜원 역
112쪽 | 14,000원

가죽공예의 기초

노타니 구니코 저 | 정은미 역
116쪽 | 18,000원

종이로 꾸미는 공간
종이 인테리어 소품

김은주, 방경희, 이정은 저
208쪽 | 16,500원

야생화 페이퍼
플라워 43

야마모토 에미코 저 | 이지혜 역
144쪽 | 15,000원

나무로 만든 그릇

니시카와 타카아키 저
송혜진 역 | 268쪽
16,000원

쉽게 배우는
목공 DIY의 기초

두파! 편 | 김남미 역
144쪽 | 16,500원

쉽게 배우는
간단 목공 작품 100

두파! 편 | 박재영 역
132쪽 | 16,500원

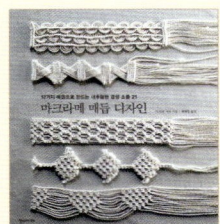

마크라메 매듭 디자인

마쓰다 사와 저 | 배혜영 역
100쪽 | 14,000원

82 매듭 대백과

일본부티크사 저 | 황세정 역
172쪽 | 14,000원

아이와 아빠가 함께 접는
신나는 종이접기

박은경, 고이녀, 조은주, 송미령 저
168쪽 | 15,000원

엄마와 아이가 함께 접는
행복한 종이접기

김남희, 김향규, 윤선옥, 이명신 저
240쪽 | 15,000원

아이와 엄마가 함께 만드는
행복한 종이아트

김준섭, 길명숙, 송영지 저
162쪽 | 15,000원

대바늘 손뜨개

쉽게 배우는
새로운 대바늘 손뜨개의
기초

일본보그사 저 | 김현영 역
160쪽 | 18,000원

마마랜스의 일상 니트

이하니 저
200쪽 | 22,000원

니팅테이블의
대바늘 손뜨개 레슨

이윤지 저
176쪽 | 18,000원

그린도토리의
숲속 동물 손뜨개

명주현 저
228쪽 | 18,000원

바람공방의 마음에
드는 니트

바람공방 저 | 남궁가윤 역
96쪽 | 16,800원

유러피안 클래식 손뜨개

효도 요시코 저 | 배혜영 역
120쪽 | 15,000원

매일 입고 싶은
남자 니트

일본보그사 저 | 강수현 역
96쪽 | 14,000원

M·L·XL 사이즈로 뜨는
남자 니트

리틀 버드 저 | 배혜영 역
116쪽 | 15,000원

52주의 뜨개 양말

레인 저 | 서효령 역
256쪽 | 29,800원

52주의 숄

레인 저 | 조진경 역
272쪽 | 33,000원

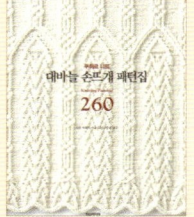

쿠튀르 니트
대바늘 손뜨개 패턴집
260

시다 히토미 저 | 남궁가윤 역
136쪽 | 20,000원

쿠튀르 니트
대바늘 니트 패턴집
250

시다 히토미 저 | 남궁가윤 역
144쪽 | 20,000원

대바늘 비침무늬
패턴집 280

일본보그사 저 | 남궁가윤 역
144쪽 | 20,000원

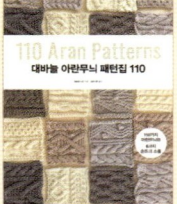

대바늘 아란무늬
패턴집 110

일본보그사 저 | 남궁가윤 역
112쪽 | 20,000원

쉽게 배우는
대바늘 손뜨개 무늬 125

일본보그사 저 | 배혜영 역
128쪽 | 15,000원

소잉

쉽게 배우는
새로운 재봉틀의 기초

사카우치 코코 저 | 김수연 역
140쪽 | 18,000원

픽셀클로젯의
말랑말랑 솜인형
옷 만들기

픽셀클로젯 저
176쪽 | 22,000원

사이다의
핸드메이드 드레스 레슨

사이다 저 | 208쪽
25,000원

셔츠 & 블라우스
기본 패턴집

노기 요코 저 | 남궁가윤 역
108쪽 | 20,000원

원피스 기본 패턴집

노기 요코 저 | 남궁가윤 역
108쪽 | 20,000원

스커트 & 팬츠
기본 패턴집

노기 요코 저 | 남궁가윤 역
104쪽 | 20,000원

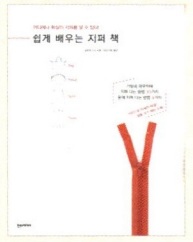

쉽게 배우는
지퍼 책

일본보그사 저 | 남궁가윤 역
108쪽 | 13,000원

매일매일 입고 싶은
심플 데일리 키즈룩

가타카이 유키 저
남궁가윤 역 | 112쪽
18,000원

패턴부터 남다른
우리 아이 옷 만들기

가타가이 유키 저 | 송혜진 역
134쪽 | 16,500원

재봉틀로 쉽게 만드는
블라우스, 스커트&팬츠
스타일 북

노나카 게이코, 스기야마 요코 저
이은정 역 | 90쪽 | 13,000원

재봉틀로 쉽게 만드는
원피스 스타일 북

노나카 게이코, 스기야마 요코 저
이은정 역 | 크래프트 하우스 감수
88쪽 | 13,000원

재봉틀로 쉽게 만드는
아우터 & 탑 스타일 북

스기야마 요코, 노나카 게이코 저
| 김나영 역 | 76쪽
13,000원

자수

**달눈의
레트로 감성 자수**

노지혜 저
208쪽 | 18,000원

**하란의
보태니컬 세밀화 자수**

김은아 저
220쪽 | 18,000원

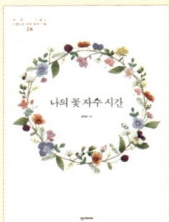

나의 꽃 자수 시간

정지원 저
276쪽 | 19,800원

**처음 배우는
우리 꽃 자수**

정지원 저
236쪽 | 16,800원

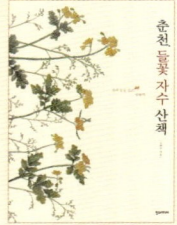

춘천, 들꽃 자수 산책

김예진 저
272쪽 | 18,000원

춘천, 사계절 꽃자수

김예진 저
128쪽 | 16,000원

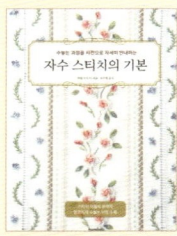

자수 스티치의 기본

아틀리에 Fil 저 | 강수현 역
132쪽 | 15,000원

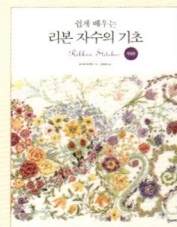

**쉽게 배우는
리본 자수의 기초**

오구라 유키코 저 | 강수현 역
112쪽 | 16,500원

**히구치 유미코의
자수 시간**

히구치 유미코 저 | 강수현 역
헬렌정 감수 | 96쪽
18,000원

**히구치 유미코의
동물 자수**

히구치 유미코 저
배혜영 역 | 헬렌정 감수
96쪽 | 16,800원

**히구치 유미코의
연결 자수**

히구치 유미코 저
남궁가윤 역 | 102쪽 | 16,800원

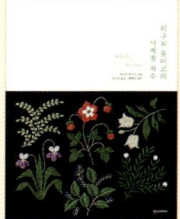

**히구치 유미코의
사계절 자수**

히구치 유미코 저
김수연 역 | 헬렌정 감수
96쪽 | 18,000원

**히구치 유미코의
즐거운 울 자수**

히구치 유미코 저 | 배혜영 역
72쪽 | 16,800원